가을날 말씀 묵상

Truth for Life: 365 Daily Devotions - Vol.1
by Alistair Begg

First published by The Good Book Company
with the title of *Truth for Life - Vol.1: 365 Daily Devotions*
Copyright © 2021 Alistair Begg
All rights reserved.

Korean Edition published by Word of Life Press, Seoul 2023.
Translated and published by permission.
Printed in Korea.

이 책은 *Truth for Life: 365 Daily Devotions* - Vol.1의 252~342쪽 내용을 분권 출간한 것입니다.

가을날 말씀 묵상

© 생명의말씀사 2023

2023년 8월 17일 1판 1쇄 발행

펴낸이 | 김창영
펴낸곳 | 생명의말씀사

등록 | 1962.1.10. No.300-1962-1
주소 | 서울시 종로구 경희궁1길 6 (03176)
전화 | 02)738-6555(본사) · 02)3159-7979(영업)
팩스 | 02)739-3824(본사) · 080-022-8585(영업)

기획편집 | 유영란, 최은용
디자인 | 한예은
인쇄 | 영진문원
제본 | 다온바인텍

ISBN 978-89-04-16843-9 (04230)
　　　978-89-04-70085-1 (세트)

저작권자의 허락 없이 이 책의 일부 또는 전체를
무단 복제, 전재, 발췌하면 저작권법에 의해 처벌을 받습니다.

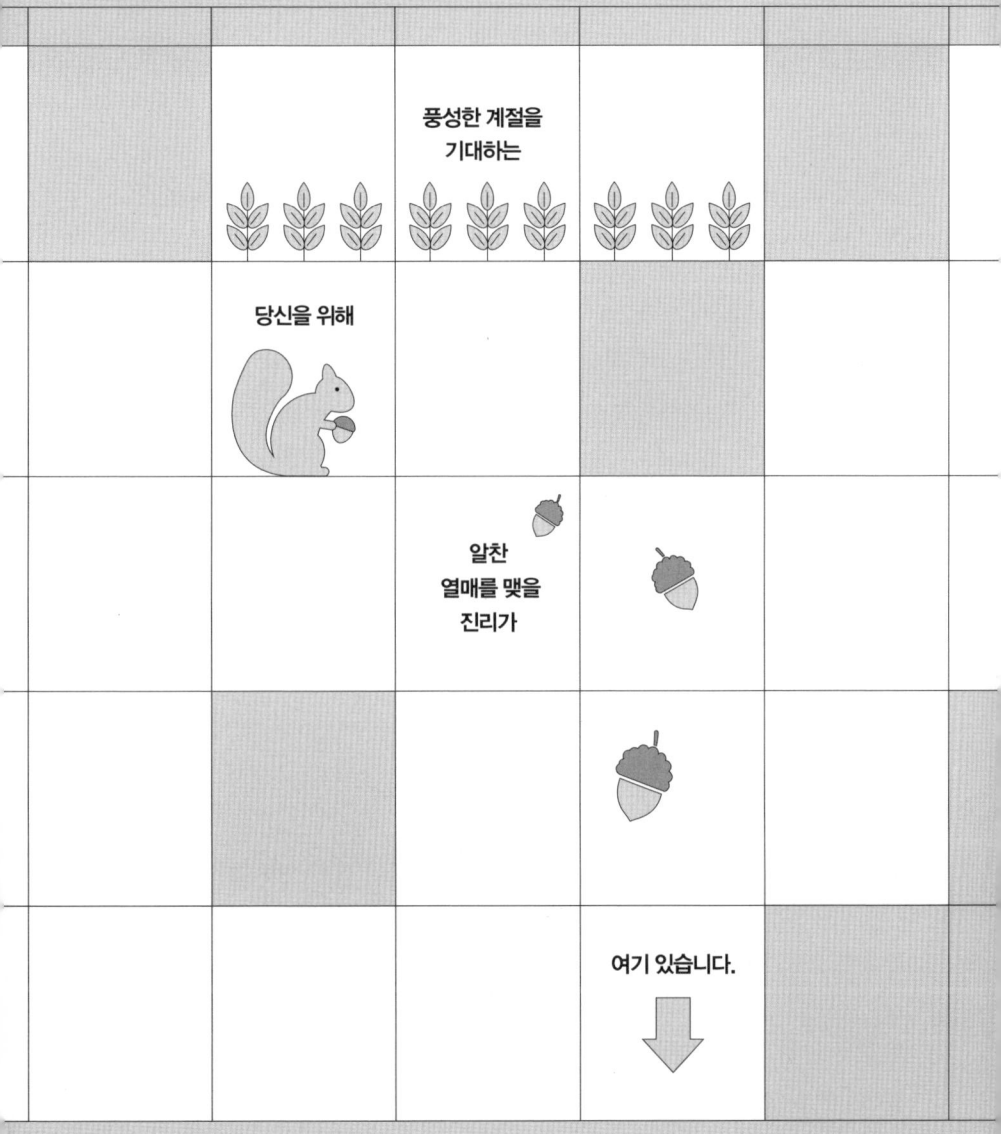

from Truth for Life

가을날 말씀 묵상

알리스테어 벡 지음 | 이선숙 옮김

생명의말씀사

추천의 글

"매일 말씀을 읽는 훈련은 하나의 반복적인 일상이 되거나 하나의 일거리처럼 되기 쉽다. 그래서 익숙한 성경 이야기를 새롭게 제시하고, 많은 생각을 하도록 이끄는 훌륭한 안내자의 도움이 필요하다. 이 책이 바로 그렇다. 이 책은 우리가 좀 더 분명하게 사고하고, 하나님을 더욱 뜨겁게 사랑하고, 보다 경건하게 행동하도록 돕는다. 성경 묵상에 대한 내면의 열정이 다시 불붙을 것이다."

칼 트루먼(Carl R. Trueman), 그로브시티칼리지 성경학과 및 종교학과 교수

"매일 묵상집은 성경을 매일 읽고 묵상하는 습관을 기르는 데 큰 도움이 된다. 그중에서도 이 책은 정말 순금과 같다. 알리스테어 벡은 숙련된 영혼의 외과 의사처럼 성경 말씀과 우리 마음을 예리하게 해부한다. 우리 시대 최고의 설교가로부터 나오는 매일의 놀라운 지혜가 있다. 이런 책이 어찌 마음과 생각에 생명을 공급하는 영양분이 되지 않겠는가?"

데릭 토머스(Derek W. H. Thomas), 콜롬비아제일장로교회 목사,
리폼드신학교 학장, 『익투스』 저자

"영적 건강의 척도가 되는 매일 성경 읽기를 하는 데 이 책이 엄청난 도움이 되었다. 말씀 구절이 내 상황에 맞게 새롭게 이해되었고 또 어떤 날에는 해석을 읽으며 더 깊은 묵상을 할 수 있었다. 교회에서 제자 양육을 도울 수 있는 정말 좋은 선물이다."

리코 타이스(Rico Tice), 런던 랭햄 플레이스의 올솔스교회 수석목사,
『교회를 섬기는 당신에게』 저자

"성경에 있는 하나님의 말씀을 깨닫고 경험하도록 도와줄 지혜롭고 섬세한 안내서를 찾는다면 이 책에 푹 빠지게 될 것이다. 매일의 묵상이 보석 같다. 말씀의 빛이 우리 생각과 감정과 행동을 비추어준다. 정말 유익한 책이다!"

존 우드하우스(John Woodhouse), 호주 시드니 소재 무어신학교 전(前) 학장

"알리스테어 벡의 묵상은 단순하면서도 심오하고, 짧으면서도 풍성하고, 도전적이면서도 용기를 준다. 삶의 모든 영역을 다루며 구별된 삶을 살도록 도와주고 변화된 삶을 살도록 이끈다. 개인적으로 하든 여럿이 하든 가장 이상적인 묵상집이 될 것이다."

팀 챌리스(Tim Challies), Cruciform Press 설립자, 「한눈으로 보는 비주얼 성경 읽기」 저자

"알리스테어 벡은 성경을 잘 알 뿐 아니라 거기에 사랑을 담아 영혼의 치료제를 만들어낸다. 이 책은 명료한 신학을 이해하기 쉽게 전달해 우리의 생각을 더욱 깊게 하고, 그리스도의 아름다움을 드러내 우리 마음을 따스하고 풍요롭게 한다. 저자가 수년간 성경을 연구하고 사람들을 돌보며 얻은 열매이기에 영혼에 큰 유익이 될 것이다."

크리스토퍼 애쉬(Christopher Ash), 틴데일하우스 레지던스 작가, 성경 교사, 「분노」 저자

"이 책은 기쁠 때는 찬양하게 돕고, 고군분투할 때는 위로를 주고, 의심이 들 때는 격려하고, 상처가 났을 때는 치료제가 된다. 하나님이 말씀 안에서 드러내시는 그분의 영광과 선하심을 볼 수 있도록 날마다 우리를 이끈다. 누구든 이 책에서 엄청난 보화를 발견하게 될 것이다."

키스 크리스틴 게티(Keith Kristyn Getty), 찬양 사역자, 게티뮤직 설립자

들어가는 글

하나님의 말씀은 영광스러운 선물이다. 우리 아버지께서는 우리가 그분의 아들을 알고 우리가 그분의 진리에 순종하여 성령님의 능력 안에서 살도록 우리에게 말씀을 주셨다.

잠시 멈춰서 그 의미를 생각해 보자. 성경을 읽는다는 것은 온 우주의 창조주가 피조세계를 향해 하신 말씀을 다루는 것이다. 그분의 말씀이 없다면 우리는 우리 자신이나 우리가 사는 세상 또는 그 어떤 것도 이해할 수 없다. 신문을 읽을 때, 세상 돌아가는 것을 이해하려고 애쓸 때, 우리 역사와 미래를 바라볼 때 모든 것을 잘 처리하고 싶다면 우리에게 필요한 것은 바로 성경이다. 하나님의 말씀은 우리가 매일의 삶을 항해할 때 필요한 진리를 제공할 뿐 아니라 진정한 생명을 찾게 해주는 바로 그분을 바라보게 한다.

그래서 이 묵상집은 날짜와 제목 바로 아래에 가장 중요한 말씀을 배치했다. 그것은 살아계시고 다스리시며 영원하신 하나님의 말씀이다. 하나님이 영감을 불어넣으신 그 말씀 밑에 해설을 달아놓은 이유는 하나님의 말씀을 설명하고, 그 말씀으로 격려하고, 그 말씀이 어떻게 삶의 모든 영역에서 우리가 그리스도를 위해 살아가도록 영감을 주고 준비시키는지 묵상하기 위해서다. 성경은 하나님의 말씀에 대해 "너로 하여금 그리스도 예수 안에 있는 믿음으로 말미암아 구원에 이르는 지혜가 있게" 하고 "교훈과 책망과 바르게 함과 의로 교육하기에 유익하니 이는 하나님의 사람으로 온전하게 하며 모든 선한 일을 행할 능력을 갖추게 하려"(딤후 3:16-17)는 것이라고 말한다.

이 책은 '매일' 묵상하도록 쓰였는데, 사람은 떡으로만 살 수 없고 하나님의 입에서 나오는 모든 말씀으로 살기 때문이다(마 4:4). 즉, 하나님의 말씀이 우리를 날마다 지탱해준다. 우리의 육체적 건강을 위해 음식이 필요하듯이 우리의 영적 건강을 위해서는 하나님의 말씀이 꼭 필요하다.

어떤 날은 하나님의 말씀을 읽는 것이 즐거울 수 있지만 또 어떤 날은 의무처럼 느껴지기도 할 것이다. 하지만 하나님의 말씀은 날마다 꼭 필요하다. 운동과 같다고 생각하자. 육상 선수라면 트랙을 도는 것이 기분 좋을 때도 있지만 힘들어서 억지로 해야 하는 날도 있을 것이다. 아마도 대부분의 사람들이 하나님의 말씀을 묵상하는 시간이 굉장할 거라는 기대를 하며 매일 아침 자리에서 일어나지는 못할 것이다. 성경을 읽을 때마다 감동을 받아야 한다고 생각하거나 성경을 열기만 해도 '복을 받아야 한다'고 생각한다면, 아마도 간신히 어쩌다 한 번씩 읽거나 성경 읽기에 실망하고 말 것이다. 하나님의 말씀을 읽고 묵상하다 보면 무언가가 느껴지고 기쁘고 흥분되는 시간이 있을 것이다. 하지만 그런 시간들이 매일 혹은 여러 날 지속되지 않는다고 해도 걱정하지 말라. 매일 의지적으로 성경으로 돌아가자. (성경 읽는 습관에서 벗어난 것

같으면 그냥 다시 시작하면 된다.) 왜냐하면 하나님의 말씀은 살아있고 활력이 있어서 우리의 마음이 감지하는 것보다 훨씬 더 깊고 심오한 방법으로 우리 안에서 일하기 때문이다.

그리고 성경 말씀은 우리의 생각과 마음과 삶을 달라지게 한다(반드시 그렇게 될 수밖에 없다). 그래서 묵상 맨 아래에 다음 세 가지 아이콘을 넣었다. 이 아이콘을 볼 때마다 스스로에게 이렇게 말하라. "이제 이 말씀을 읽었으니…."

☁ 하나님은 내가 어떻게 다르게 생각하기를 원하실까?
♡ 하나님은 내 마음의 사랑(내가 사랑하는 것)이 어떻게 재정리되기 원하실까?
✋ 하나님은 오늘 내가 무엇을 실천하기 원하실까?

매일 이 세 가지 질문에 모두 답할 수 없을지도 모른다. 하지만 이 질문을 던지다 보면 하나님의 성령께서 우리의 생각과 마음과 삶에 대해 무엇이라고 말씀하시는지 알게 된다. 그러면 그날 읽은 말씀에 반응하여 기도하는 데에도 큰 도움이 될 것이다. 이 아이콘 옆에는 그날 묵상할 내용과 연관된 성경 구절을 제시했다. 시간이 있으면 그 구절도 찾아보며 하나님의 말씀에 더 깊이 들어가 보기 바란다.

하나님의 말씀은 우리에게 필요한 말씀이다. 그래서 기도하기는, 매일 이 말씀들을 읽으면서 하나님의 사랑하는 자녀인 여러분의 인생이 변화될 수 있으면 좋겠다. 하나님의 성령께서 그분의 말씀을 통해 여러분에게 그분의 아들을 보여주시리라 믿는다. 여러분도 그렇게 기도하지 않겠는가? 내 친구 키스 게티와 스튜어트 타운엔드의 말을 빌려 다음과 같이 기도하면서 매일 묵상을 시작하면 좋겠다.

하나님의 살아있는 호흡이신 성령님,
내 영에 새 생명을 불어넣으소서.
부활하신 주님의 임재로 인하여
내 마음이 새로워지게 하시고 나를 온전하게 하소서.
당신의 말씀이 내 안에 살아있게 하소서.
볼 수 없는 것을 믿게 하소서.
당신의 순결을 갈망하게 하소서.
성령님, 내 안에 새 생명을 불어넣으소서.

September

9월

9월 1일
넘치도록 관대하라

"모세가 이스라엘 자손의 온 회중에게 말하여 이르되
여호와께서 명령하신 일이 이러하니라 이르시기를
너희의 소유 중에서 너희는 여호와께 드릴 것을 택하되
마음에 원하는 자는 누구든지 그것을 가져다가 여호와께 드릴지니"

(출 35:4-5)

하나님의 백성이 기부하는 이유는 하나님의 은혜에 감사하기 때문이다. 아니 적어도 그래야 한다. 하지만 많은 경우 사람들이 기부하는 이유는 이와는 매우 다르다. 많은 사람이 기부를 자신의 사회적 지위나 다른 사람의 시선 때문에 해야만 하는 의무로 여긴다. 어떤 사람은 자신이 저지른 나쁜 행동을 보상하고 죄책감을 없애려고 기부하기도 한다. 또 어떤 사람들은 "기부하는 게 낫지. 안 그러면 하나님이 내게 복을 주지 않으실 거야"라고 생각하며 두려워서 기부한다.

하지만 성경 전반에 흐르는 기부의 원칙은 매우 다르다.

광야에서 이스라엘 백성이 하나님을 위한 성막을 만들려고 준비할 때, 모세는 그 일을 위해 모금을 시작했다. 그의 요구는 너무 과하거나 조작적이지 않았다. 모세가 하나님은 기꺼이 드리고자 하는 사람들로부터 받으신다고 전하자, 모든 관대한 마음을 가진 사람들이 제물을 가지고 왔다. 그들은 자신의 소유를 드렸을 뿐 아니라, 건축하고 천 만드는 일부터 장인 정신과 예술혼에 이르기까지 하나님이 그들에게 주신 재능을 드렸다.

많은 이가 드렸고, 넘치도록 드렸다. 그 결과, 모세는 진영 전체에 다음과 같이 두 번째 지시를 내려야 했다. "남녀를 막론하고 성소에 드릴 예물을 다시 만들지 말라"(출 36:6). 그들은 자신이 가진 모든 것을 하나님이 주셨음을 알았다. 하나님의 크신 선하심에 힘입어, 그들은 모세가 그만하라고 할 정도로 후하게 넘치도록 드렸다.

하나님은 아무것도 필요하지 않으시다. 하지만 하나님은 많은 선물을 은혜로 받은 사람들로부터 기꺼이 받고자 하신다. 하나님은 당신의 은혜를 퍼센티지(%)로 주지 않으신다. 하나님은 아낌없이 주시며, 그 넘치는 마음으로 예수님 안에서 자기 백성에게 계속해서 복을 주신다. 하나님의 은혜를 받는 우리가 우리 시간과 돈과 재능, 어떤 것이든 감사함으로 넘치게 드릴 때, 하나님이 영광을 받으신다.

관대한 마음을 원하시는 하나님의 요구는 절대 사그라지지 않는다. 하나님은 하나님의 아들이 하신 일을 통해 사람들을 구원할 계획을 갖고 계시며, 기부를 통해 복음의 일에 참여하려는 사람들을 간절히 찾고 계신다. 사람이 자기 것을 아끼지 않고 기쁘게 나눌 수 있는 것은 다름 아닌 은혜, 오직 은혜 때문이다. 만약 자신의 기부(시간이든 재능이든 돈이든)가 제한적이거나 혹은 아깝다면, 주 예수 안에서 자신이 받은 넘치는 하나님의 은혜를 생각해보라. 하나님의 은혜에 감격할 때 감사가 넘쳐 마음이 후해지고 하나님께 영광과 찬송을 돌리게 될 것이다.

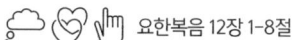 요한복음 12장 1-8절

9월 2일
그리스도를 경외함으로

"범사에 우리 주 예수 그리스도의 이름으로
항상 아버지 하나님께 감사하며
그리스도를 경외함으로 피차 복종하라"
(엡 5:20–21)

사람들은 많은 이유로(정치적 혹은 사회적 구조를 기반으로, 혹은 심지어 실용주의를 기반으로) 서로 복종한다. 때로는 사람에게 복종하는 편이 대립을 일삼는 사람처럼 보이는 위험을 무릅쓰는 것보다 훨씬 쉽기 때문에 복종한다(그리고 그게 확실히 더 좋다!). 하지만 이런 이유들은 그리스도인이 복종하는 동기가 아니다. 우리 그리스도인이 서로에게 복종해야 하는 가장 큰 이유는, "그리스도를 경외하기" 때문이다.

예수님께 우리의 무릎을 꿇으면, 우리는 자신에게 몰두하지 않을 수 있다. 그리스도를 경외하면 자신에게 몰두하려는 마음을 피할 수 있을 뿐 아니라, 예수님께로 더 가까이 나아가게 된다. 예수님 안에서 복종하라는 요청을 어떻게 지켜야 하는지 알게 되는 것이다. 예수님은 친히 이렇게 가르치셨다. "너희 중에 누구든지 크고자 하는 자는 너희를 섬기는 자가 되고… 인자가 온 것은 섬김을 받으려 함이 아니라 도리어 섬기려 하고 자기 목숨을 많은 사람의 대속물로 주려 함이니라"(마 20:26–28).

예수님은 이렇게 말씀만 하신 것이 아니라 그대로 실천하셨다. 예를 들어, 예수님이 요한복음 13장에서 제자들의 발을 씻기신 일을 생각해보라. "저녁 먹는 중 예수는 아버지께서 모든 것을 자기 손에 맡기신 것과 또 자기가 하나님께로부터 오셨다가 하나님께로 돌아가실 것을 아시고 저녁 잡수시던 자리에서 일어나 겉옷을 벗고 수건을 가져다가 허리에 두르시고 이에 대야에 물을 떠서 제자들의 발을 씻으시고 그 두르신 수건으로 닦기를 시작하여…"(요 13:3-5). 여기서 무슨 일이 일어나고 있는가? 다름 아닌 성자 하나님이 성부 하나님께 복종하신 것이다. 하나님께로부터 오셨고 하나님이신 분이 "종의 형체를 가지사"(빌 2:7) 스스로를 아무것도 아닌 존재로 만드셨다.

예수님은 자신의 뜻이 아니라 아버지의 뜻을 행하러 오셨다(요 6:38). 그 결과 그분은 고난을 받아들이셨다. 그분은 고립되셨고 심한 대우를 받으셨다. 그분은 악의와 오해와 죽음을 견디셨다. 예수님은 우리의 망가진 삶을 회복하고 변화시키기 위해 스스로 낮아지셨다. 예수님은 아버지 뜻에 자신을 복종시켜 십자가에 죽으러 오셨다. **"그분이야말로** 내게 필요한 바로 그 구세주이십니다"라고 겸손히 무릎 꿇고 고백하는 사람들을 속량하기 위해 오셨다.

그리스도를 진정으로 알게 되면 그분을 경외하지 않을 수 없다. 자기 백성의 유익을 위해 아버지의 뜻에 죽기까지 순종하신, 삼위일체의 제2위격이신 그분 말고 누구를 더 존경하고 사랑할 수 있겠는가? 또한 그리스도를 경외하면 우리도 그리스도와 같은 태도를 갖게 된다. 지위를 탐하지 않고, 권위를 구하지 않고, 자기 권리를 내세우지 않고, 오직 형제자매의 일을 위하여 우리 자신의 이익을 내려놓아 하나님께 순종하게 된다.

우리가 서로에게 복종하기로 선택하는 이유들은 많다(그리고 그렇게 하지 않기로 선택하는 이유는 더 많을 것이다). 하지만 이것만은 꼭 명심하자. 예수님은 아버지께 복종하심으로 우리의 구원자가 되셨다. 그분를 경외함으로, 교회 안에서 다른 사람들에게 복종하자.

 빌립보서 2장 17-30절

9월 3일
아내들에게 주신 말씀

"아내들이여 자기 남편에게 복종하기를
주께 하듯 하라"

(엡 5:22)

복종이라는 단어는 온갖 부정적인 반응을 불러오기도 한다. 현실이 한편으로는 그렇기 때문이다. 존 스토트(John Stott)는 40년 전에 이렇게 썼다. "권위에 대한 복종은 이 시대에 뒤떨어진 것이다. 자유와 허용에 대한 현시대의 태도와 완전히 반대된다."[1] 그 후 복종에 대한 부정적인 평가는 더 증가했는데, 특히 결혼관계 안에서 그렇다. 그러나 하나님이 세우신 원리로서 제대로 이해되고 바르게 적용된 복종은 인간관계에서 매우 중요하다. 자녀는 부모에게 복종하고(엡 6:1), 교회 구성원은 교회 지도자에게 복종하며(히 13:17), 아내는 남편에게 "주께 하듯" 복종해야 한다. 우리가 인생에서 부름 받은 역할에 따라 다른 사람에게 복종하는 것은 우리가 맺는 관계의 본질적인 부분이다. 따라서 아내가 남편에게 복종하는 것은 결혼에 대한 하나님의 신적 명령을 드러내는 것이다. 하지만 이 가르침을 어떻게 구체적으로 이해해야 할까?

첫 번째로, 아내가 남편에게 복종해야 한다는 이 명령은 절대 아내의 열등함을 내포하지 않는다. 성경은 남자와 여자가 모두 하나님의 형상을 따라 지음 받은 존재로서 똑같이 존엄하다고 '아주' 분명하게 말한다(창 1:27). 믿는 자로서 우리는 구속에 있어서 동등하며, 그 동등함은 우리가 하나님의 은혜를 함께 이어받을 자라는 사실에서 드러난다(벧전 3:7). 하나님 앞에서 남자와 여자는 완전히 동등하다. 역할의 차이가 가치의 차이를 의미하지 않는다.

두 번째로, 아내들은 '자기 남편'에게 복종하는 것이지 일반적인 모든 남자에게 하는 것이 아니다. 바울은 사회 안에서 여자의 위치에 대한 포괄적인 지시를 하는 것이 아니라, 가족 안에서 아내의 역할과 관련하여 구체적인 지시를 하고 있다. 즉, 하나님께 복종하고자 하는 여자는 남편에게 복종하는 것으로 하나님에 대한 복종을 일부 표현할 수 있다는 뜻이다.

　세 번째로, 이 복종은 무조건적인 순종과 같지 않다. 남편들은 아내에게 강압적이어서도, 복종을 요구해서도 안 된다. 하나님이 정하지 않으신 것을 요구하는 일은 더더욱 안 된다. 아내는 자기 좋을 대로 명령할 권위를 가진 사람의 지배를 받는 것이 아니다. 오히려 남편은 "아내 사랑하기를 자신 같이 하고"(엡 5:33), 아내를 위해 자신을 포기하며, 아내를 거룩함으로 이끌어야 한다. 남편이라면 명심하라. 남편이 아내를 그리스도께 더 순종하도록 이끄는 것이 아니라 더 멀어지게 한다면, 아내는 남편의 지도를 따라야 할 성경적 의무에 더 이상 매이지 않는다.

　아내라면 명심하라. 성경은 아내들에게 아무 생각 없이 노예처럼 순종하라고 요청하지 않는다. 오히려 당신의 복종은, 남편의 지도를 따름으로 남편과 연합하여 모든 일에서 하나님의 영광을 구하는 것이기에, 즐거운 충성과 헌신이 되어야 한다. 주저함 없이 전심으로 하는 복종은 오직 하나님이 허락하실 때만 가능하다. 그럴 때에야 "살아 있는 동안에 그의 남편에게 선을 행하고 악을 행하지" 않게 된다(잠 31:12). 이러한 성경적 복종은 분명히 시대의 조류에 부합하지 않는다. 또 쉽지 않을 때도 많다. 하지만 하나님 보시기에, 그리고 하나님의 백성이 보기에 아름다운 것이다.

 잠언 31장 10-31절

9월 4일
결혼에 대한 하나님의 계획

"이러므로 남자가 부모를 떠나
그의 아내와 합하여 둘이 한 몸을 이룰지로다
아담과 그의 아내 두 사람이 벌거벗었으나
부끄러워하지 아니하니라"

(창 2:24-25)

결혼은 우리 죄로 인해 변색된, 하나님이 주신 선물이다. 위 성경 구절은 완벽하게 신뢰하고, 완벽하게 부끄러움이 없으며, 완벽하게 연합된 사랑의 연합을 보여준다. 그러나 슬프게도 타락한 이 세상에서는 영화에서나 이런 사랑의 연합이 가능하다. 인간의 죄가 비극적인 것은, 인간은 본성상 악해서 하나님이 우리의 유익을 위해, 그리고 그분의 영광을 위해 창조하신 것을 망가뜨리기 때문이다. 그래서 우리는 하나님이 의도하셨던 결혼의 아름다움과 즐거움을 잃어버렸다. 하지만 소망은 있다! 하나님의 영은 믿는 자들로 하여금 결혼을 그분의 계획에 따라 볼 수 있게 해준다.

우리는 먼저, 그리스도 밖에 있는 남자와 여자는 하나님의 목적을 완전히 거스르고 있음을 인정해야 한다. 단순히 결혼의 속성을 잘 몰라서가 아니다. 우리의 죄악 된 욕망 자체가 하나님의 목적과 완전히 반대되기 때문이다. 많은 경우 성경이 말하는 결혼은 새장(cage), 제약, 혹은 인간의 오래된 고안품(이전 세대가 남겨 놓은 일종의 무가치한 흔적) 정도로 인식된다. 이런 관점으로 하나님이 계획하신 결혼을 보기 때문에 "난 하나님의 계획이 싫어. 내 방식대로 할 거야"라고 말한다.

그러나 우리가 그리스도와 연합하고 나면, 하나님이 계획하신 결혼을 있는 그대로 볼 수 있다. 어떤 정부가 어떤 법을 입법하든, 성경은 분명히 일부일처제의 이성 간의 결혼을 말한다. 그 이외의 다른 것은 하나님 앞에 결혼일 수 없고 결혼이 아니다. 하나님은 처음부터 결혼을 일부일처제 이성 간의 관계로 만드셨기 때문이다. 창세기 2장의 결혼의 모습을 예수님이 다시 확인하신 것만 봐도 태초부터 지금까지 하나님의 계획에는 변함이 없음을 알 수 있다(마 19:4-6). 결혼을 다르게 정의하려는 사회 흐름에 맞춰 성경을 조정하거나 타협하려고 해서는 안 된다. 우리가 사는 타락한 세상은 성경적 결혼에 대한 하나님의 모형을 무시할지 모르지만, 우리가 정말 성경을 하나님의 말씀으로 믿는다면 우리는 (우리 자신의 삶을 어떻게 정돈할지 선택하는 방법과 다른 사람의 관계에 대해 이야기하고 기도하는 방법에서) 그 가르침을 고수해야 할 것이다.

모든 시대와 모든 문화에서 결혼에 대한 하나님의 관심은 하나님의 백성을 향한 그리스도의 사랑과 헌신을 반영하는 것이다(엡 5:22-25). 우리는 믿는 자로서 이것을 알아야 한다. 또한 타락의 결과로 망가지고 뒤틀린 모든 것을 주 예수께서 새롭게 하고 고치기 위해 오셨음을 기억해야 한다. 오직 그리스도 안에서, 그리스도를 통해서만, 하나님의 방식과 계획대로 결혼을 보는 것이 가능하다. 우리가 우리 방식대로 살지 않도록 예수님은 풍성한 은혜 가운데 우리를 초대하셔서, 다른 그 무엇과도 같지 않은 그분의 계획에 우리의 마음을 순종하게 하셨다. 어떤 사람들에게는 이 영역에서 하나님의 명령에 따르기 위해 개인적으로 큰 희생이 요구될 수도 있다. 21세기를 살아가는 우리는 세상 방식에 맞서 하나님의 방식을 고집하기 위해 용기가 필요할 것이다. 자신이 처한 특수한 상황과 환경에서, 결혼을 하나님의 관점으로 이해하고 따르려면 어떤 실천이 필요하겠는가?

 창세기 2장

9월 5일
남편들에게 주신 말씀

"남편들아 아내 사랑하기를
그리스도께서 교회를 사랑하시고
그 교회를 위하여 자신을 주심 같이 하라
이는… 거룩하게 하시고"

(엡 5:25-26)

하나님의 은혜로, 모든 그리스도인의 결혼은 결혼 그 이상의 의미를 갖는다. 인간의 결혼의 목적은 천국에서 있을 궁극적인 결혼, 즉 신랑이신 그리스도와 신부인 교회의 결혼을 가리키는 것이다. 결혼은 "하늘에 있는 것이나 땅에 있는 것이 다 그리스도 안에서 통일되게"(엡 1:10) 하려는 하나님의 궁극적인 목적과 관련이 있다. 이런 이유로 바울은 남편들에게 특별한 지시를 한다. 그들의 결혼이 하나님이 의도하신 연합임을 드러내라는 지시다.

결혼에서 남편의 가장 큰 목적은 그의 아내를 육체적, 정서적으로 지탱하는 것이 아니다. 물론 그것도 포함되지만, 그의 '궁극적인' 목적은 아내가 예수님을 만나도록 준비시키는 것이다. 이를 위해 바울이 "사랑"이란 뜻으로 사용한 '아가페'(*agape*)라는 단어가 중요하다. 이 단어는 자기희생과 자기 비하를 나타낸다. 즉, 사랑은 받아야 할 것이 아니라 주어야 할 것이다. 그냥 해야 할 일이 아니라 반드시 갚아야 할 빚이다. 내가 아닌 아내에게 정말로 좋은 것을 주기 위해(그래서 아내가 "거룩하고 흠이 없게" 하기 위해, 엡 5:27) 자신을 포기하는 것이다. 이것이 그리스도께서 그의 교회를 위해 그의 생명을 주신 목적이었다. 마치 자기 생명을 버려 아내를 구하는 남편의 모습과도 같았다.

당신이 남편이라면, 매일의 삶에서 어떻게 이런 사랑을 실천하겠는가? 한 가지 방법은 'NAG-ing'을 하지 않는 것이다. 즉, 정서적, 감정적, 영적으로 아내를 '방치'(Neglect)해서는 안 된다. 직장 일이나 사회 활동, 혹은 교회 일로 아내 사랑이 방해를 받는다면 자신의 헌신을 재평가할 필요가 있다. 또한 '남용'(Abuse)도 하지 말아야 한다. 아내를 하대하거나 무시하는 말을 하거나 존중하지 않거나 자신과 결혼한 것이 그녀에게 행운이라는 식으로(그 외 더 나쁜 행동도 다 포함해서) 행동하지 말아야 한다. 그리고 마지막으로, 시간이 지나면서 이렇게 되기 쉬운데, 결혼을 '당연히'(Granted) 여겨서도 안 된다.

그러나 이러한 실제적인 실천만큼이나 도움이 되는 것은, 사랑의 궁극적인 척도이자 동기인, 신부를 위한 그리스도의 십자가 모양의 사랑이다. 예수님이 그의 교회를 얼마나 사랑하시는지 분명히 알지 못하면, 우리의 의도가 아무리 좋아도 허우적거릴 수밖에 없고 실패로 무너져내릴 수밖에 없다. 그래서 우리는 그리스도를 바라보아야 한다. 그분은 아무도, 아무것도 필요 없는 분이었지만, 가난하고 반역하고 공허하던 우리를 품어 안으시고 그분의 가족으로 맞아주시며 신부로 여겨주시기 위해 오셨고, 자신을 내어주셨다.

"그분은 왜 나를 그렇게까지 사랑하시지?"라고 질문해 보았는가? 그렇다면 남편들에게 '**그리스도께서 교회를 사랑하시듯** 아내를 사랑하라'고 하신 요구가 얼마나 엄청난 것인지 알 것이다. 그러니 당신이 남편이라면, 혹은 언젠가 남편이 되고 싶다면, 기도로 시작해야 한다. 성경을 따라 합당하게 생각하고, 그 말씀에 순종하여, 진심으로 이기심 없이 사랑하게 해달라고 성령님께 구해야 한다. 그리고 당신이 아내라면, 혹은 언제가 아내가 되고 싶다면, 남편을 위해 그리고 당신과 그의 기쁨을 위해, 그리고 무엇보다 하나님의 영광을 위해 당신도 그렇게 기도할 수 있어야 한다.

 에베소서 5장 22-32절

9월 6일
질투의 결과

"평온한 마음은 육신의 생명이나
시기는 뼈를 썩게 하느니라"

(잠 14:30)

시기는 사람을 완전히 파괴시키는 영적인 암 덩어리다.

질투의 결과는 무겁다. 솔로몬왕은 주저 없이 '썩는다'는 생생한 표현을 쓰면서 우리를 건강과 평화의 삶으로 이끈다.

시기는 우리를 해친다. 다른 사람에게는 아무 해가 없더라도 시기하는 그 사람을 망가트린다. 다른 사람을 바라보는 시각에도 영향을 미친다. 파괴적으로 비판적인 마음을 부추겨서 이웃을 말도 안 되는 의심과 분노로 바라보게 한다. 우리가 원망할 만한 사람은 늘 있기에, 시기는 다른 사람과 행복한 관계를 맺지 못하게 만들고, 만족할 기회를 빼앗아가 버린다. 시기는 **뼈를 썩게 한다**.

질투는 신속하고 교묘하게 파고들 수 있다. 예를 들어 사도 베드로의 경우를 보라. 십자가 사건이 있기 전, 그는 그리스도를 세 번이나 부인하여 일을 엉망으로 만들어버렸다. 예수님은 부활하신 후 해변에 있던 베드로와 다른 제자들을 위해 아침식사를 준비하신 다음, 베드로와 대화를 나누셨다. 예수님은 베드로에게 자신을 따르라고 부르셨던 것을 상기시키시며 관계를 회복하셨고, 그에게 목자의 일을 맡기시며 그분의 백성을 먹이라고 하셨다. 만약 그 전날 베드로에게 가장 바라는 것이 무엇인지 물었다면 그는 바로 이렇게 되기를 바란다고 말했을 것이다. 그런데 예수님께서 베드로에게 그가 언젠가는 주를 위해 목숨을 바쳐야 할 것이라고 덧붙이시자 그는 어떻게 반응했는가? 그는 요한을 보며 이렇게 말했다. "이 사람은 어떻게 됩니까?"

질투의 위험을 온전히 알고 계시던 예수님은 이렇게 대답하셨다. "내가 올 때까지 그를 머물게 하고자 할지라도 네게 무슨 상관이냐 너는 나를 따르라"(요 21:22).

영적으로 큰 성장이 있는 순간에도, 질투는 우리에게 너무나 쉽게 영향을 미친다. 질투심으로 인해 예수님이 우리를 위해 행하시고 우리에게 주신 모든 것을 잊어버리기가 얼마나 쉬운가! 그렇다면 어떻게 해야 이러한 영적 부패를 치료할 수 있을까?

우리가 가장 하기 싫어하는 그 일을 가장 먼저 해야 한다. 시기가 무엇인지 (즉 죄라는 것을) 깨달아 자신의 시기를 고백하며 그것을 하나님의 임재의 빛 안으로 가지고 가야 한다. 그런 다음 질투 대신 기쁨에 붙들릴 때까지 기도하면서 매 순간 질투를 거부하고, 우리가 그리스도 안에서 갖게 된 모든 것을 묵상할 수 있도록 성령님께 간구해야 한다. 자기가 받은 복을 세어볼 때 하나님이 다른 사람에게 주신 복에 대해서도 하나님을 찬양하게 된다. 그 평온한 마음이 생명을 준다.

자기도 모르는 사이에 시기심에 잠식당하지 않게 조심하라. 시기가 어떤 방식으로 당신을 붙들고 있는가? 그것을 고백하고, 그것에 대해 기도하고, 복음의 진리로 그것과 싸우라.

 요한복음 21장 15-23절

9월 7일
하나님의 백성

"무릇 표면적 유대인이 유대인이 아니요
표면적 육신의 할례가 할례가 아니니라
오직 이면적 유대인이 유대인이며
할례는 마음에 할지니 영에 있고
율법 조문에 있지 아니한 것이라…"(롬 2:28-29)

모든 왕국에는 시민이 있는데 하나님의 왕국도 다르지 않다. 그렇다면 누가 하나님 왕국의 시민인가? 누가 하나님의 백성인가?

하나님의 백성은 예수 그리스도를 믿는 모든 이들로 구성되어 있다. 이 사람들은 그들의 지능이나 힘이나 어떤 다른 외적 요소로 하나님의 백성이 된 것이 아니고, 오직 하나님이 그들을 사랑하기로 선택하셨기에 그의 아들을 믿는 믿음을 선물로 받았다. 예수님이 바리새인들을 꾸짖으신 것은 그들이 족보 때문에 하나님의 가족의 일원이 되었다고 생각했기 때문이다. "너희가 아브라함의 자손이면 아브라함이 행한 일들을 할 것이거늘"(요 8:39). 그러면 아브라함은 무슨 일을 했는가? 그는 하나님의 약속을 믿었다. "아브라함이 하나님을 믿으매 그것을 그에게 의로 정하셨다 함과 같으니라"(갈 3:6).

우리가 정식으로 하나님의 가족이 된 것은 우리가 행한 일 때문이 아니다. 오직 성령님께서 우리 마음에 확신을 주셔서 믿을 수 있게 하시고 우리를 회개로 이끄셨기 때문이다. 우리는 하나님의 백성에 속하기 위해 유대 율법의 의례적인 요구들을 행할 필요도 없고, 육신적으로 아브라함의 자손일 필요도 없다. 로마서 2장 29절에서 사도 바울이 핵심적으로 말하는 것은 '누가 아브라함의 자손이냐'는 질문인데, 그 답은 '영으로 마음에 할례를 받은 사람'이다.

이런 말씀을 읽다 보면, 바울이 유대인이 되는 것에 어떤 유익이 있다고 생각한 것은 아닌지 의문이 든다. 바울은 실제로 큰 유익이 있다고 설명했다. 왜냐하면 유대인은 하나님의 약속을 받은 첫 민족이기에 그리스도 안에서 앞으로 성취될 징조들을 이해할 특별한 기회를 받았기 때문이다(롬 3:1-2). 그러나 그러한 이해 자체가 누군가를 하나님 나라의 시민으로 만들지는 않는다. 이는 오히려 하나님 나라의 시민이 된 사람이라면 누구에게나 열려있는 유익이다. 우리가 유대인이든 이방인이든(우리의 배경이 어떠하든, 어디서 태어났든, 어떻게 자랐든) 하나님은 그리스도를 믿는 모든 이에게 구원을 주신다. 우리가 하나님 나라의 시민이 되는 것은 인종이나 외부적인 요소에 달린 것이 아니라, 겸손히 어린아이처럼 메시아를 믿는 믿음에 달린 것이다.

세상 사람들은 자신이 있어야 할 자리가 어디인지 찾느라 고군분투하고, 회사나 사회, 친구관계, 혹은 가족 안에서 자신의 위치를 지키려고 애쓴다. 그러나 하나님은 우리에게 고군분투하거나 애쓰라고 요구하지 않으시고 그저 누리라고 하신다. 우리가 예수님을 믿는 믿음으로 하나님의 백성이 되었다면, 우리는 예수님의 이름으로 구원을 받았고 수치를 당하지 않게 되었으며, 하나님 백성의 일원이 되었다. 우리에게 맞는 곳은 바로 여기이며, 우리의 집은 바로 여기이다.

 에베소서 2장 11-22절

9월 8일

항상 기뻐하라

"주 안에서 항상 기뻐하라
내가 다시 말하노니 기뻐하라"

(빌 4:4)

어떻게 항상 기뻐할까? 그것이 정말 가능할까? 아니면 "주 안에서 항상 기뻐하라"는 바울의 권면은 과장법일 뿐, 실제로 그리스도인의 삶에서 그래야 한다는 의미는 아닌 것일까?

아니, 그렇지 않다. 바울의 말은 있는 그대로다. 우리는 믿는 자로서 '항상' 기뻐해야 한다.

우리가 이런 권면에 어려움을 느끼는 이유 중 하나는, 사랑과 마찬가지로 기쁨도 잘못된 방식으로 생각하기 때문이다. 말하자면 사랑이나 기쁨을 '의지의 행위'라기보다는 '감정의 소산'으로 생각하기 때문이다. 기쁨을 이런 식으로 보면, 기쁨은 환경과 감정의 소산이 된다. 이런 관점으로 보면, 기분이 좋고 햇빛이 찬란하며 모든 일이 원하는 대로 잘 풀릴 때에만 기뻐할 수 있다.

하지만 성경이 항상 기뻐하라고 말하는 때는 삶이 우리가 원하는 대로 되지 않고 구름이 끼고 낙담될 때도 포함한다. 따라서 먼저 기쁨을 바르게 이해해야 한다.

하박국서 3장에서 선지자는 환난 날을 기다리며 떨었다고 말한다(16절). 감정의 영역에서 하박국은 완전히 공포에 싸여있었다. 하지만 하박국 선지자는 걱정에 빠지는 대신, 그의 공급자에게 자신의 감정을 복종시켰다. 하박국 선지자는 바르게 생각함으로써 힘을 얻어 이렇게 결론을 내렸다. "비록 무화과 나무가 무성하지 못하며 포도나무에 열매가 없으며 감람나무에 소출이 없으며 밭에 먹을 것이 없으며 우리에 양이 없으며 외양간에 소가 **없을지라도 나는 여호와로 말미암아 즐거워하며** 나의 구원의 하나님으로 말미암아 기뻐하리로다"(합 3:17-18, 강조는 저자 추가). 이처럼 하박국 선지자는 항상 기뻐하는 것이 가능하다는 것을 보여준다. 깊은 시련과 깊은 고통 중에서도 외적인 요소가 아니라 하나님께만 의지할 때 우리는 기뻐할 수 있다.

하나님은 우리의 생각이 그분의 계시(즉 그분이 말씀과 피조세계를 통해 자신을 드러내시는 것)로 채워지고 빚어지도록 의도하셨다. 16세기 과학자 요하네스 케플러(Johannes Kepler)의 말을 빌리자면 우리는 "하나님을 따라 하나님의 생각을 품어야 한다." 바르게 '생각하는 것'을 배울 때, 감정도 바른 생각을 따라온다.

우리의 기쁨이 하나님의 변함없는 성품에 뿌리를 두고 있을 때, 우리는 환경에 따라 흔들리는 기쁨에서 벗어날 수 있다. 그렇다. 우리의 기쁨은 매일 겪는 어려움과 실망으로 인해 도전받을 수는 있지만 전복되지는 않을 것이다. 오늘 자신의 기쁨이 도전을 받을 때, 이 말을 읊조려보라.

나의 주님, 나의 하나님, 내가 당신에 대해 아는 것이
내 영혼을 평화로 채우게 하시고 내 입술의 노래가 되게 하소서.
당신은 나의 건강, 나의 기쁨, 나의 지팡이, 나의 막대기입니다.
당신에게 의지하니 연약함 속에서 나는 강합니다.[2]

 시편 20편

9월 9일
겸손한 종

"너희가 나를 선생이라 또는 주라 하니
너희 말이 옳도다 내가 그러하다
내가 주와 또는 선생이 되어 너희 발을 씻었으니
너희도 서로 발을 씻어 주는 것이 옳으니라"

(요 13:13-14)

앤드루 마르티네스(Andrew Martinez)는 골프 역사에서 위대한 캐디 중 한 명으로, 조니 밀러(Johnny Miller), 존 쿡(John Cook)과 같은 위대한 골프선수들을 보좌했다. 그 자신 또한 재능 있는 선수이기도 했다. 그가 특별한 캐디가 된 데에는 그의 헌신이 한몫했는데, 그는 사무실에 들어가 캐디 옷을 입는 순간부터 자신을 완전히 잊고 그 역할을 감당했다. 그는 여전히 마르티네스였지만 그의 등에 적힌 그 선수의 이름으로 행동했다. 그 자신도 재능이 있고 능력이 있었지만 캐디 역할을 할 때는 오직 다른 사람들을 돕는 일에 집중했다.

예수님은 죽으시기 전날 밤, 제자들의 발을 씻기셨다(예수님의 지상 사역에서 가장 기념할 만한 장면이다). 예수님이 그렇게 하신 이유 중 하나는 겸손한 섬김을 친히 보여주시기 위해서였다. 당시 발을 씻기는 일은 노예의 일이었다. 우리는 이러한 예수님의 본을 따르는 가운데 많은 유익을 얻을 수 있다. 창조주께서 피조물의 발을 씻기셨고, 서로 다투는 제자들과 그분을 배반한 유다까지 섬기셨다. 예수님의 이 행동은 발을 씻겨주는 행위에 담긴 전형적인 친절을 훨씬 넘어서는 것이었다.

예수님의 행동은 우리가 따라야 할 본보기("너희들도 그렇게 하라") 그 이상이다. 만일 예수님의 겸손한 행동을 똑같이 따라 하라는 요청으로만 이것을 해석한다면, 우리는 도덕주의에 빠질지 모른다. 또한 이 행동에서 예수님이 의도하신 온전하고 영광스러운 의미를 놓치게 된다. 예수님이 제자들의 발을 씻기실 때 예수님은 곧 일어날 미래의 일을 아셨다. 엄청난 슬픔의 시간(예수님의 십자가 사건)이 임박했음을 분명히 인식하셨다. 예수님은 그 미래가 언제나 아버지의 사랑의 손 안에 있음을 보여주시기 위해 제자들의 발을 씻기셨다. 이는 미래에 그들의 영혼이 깨끗해질 것(대야의 물이 아닌 십자가에서 흘리실 예수님의 피로 깨끗해질 것)을 상징했다. 하나님의 아들이 자신을 낮추어 우리 죄의 흔적을 씻어주겠다고 하신다. 우리는 우리의 절박한 필요를 받아들이고 그렇게 씻겨지기를 청함으로써 그분의 겸손으로 우리의 겸손을 채워야 한다.

주님이 우리를 섬겨주신 것에 감사할 때 우리도 같은 방식으로 다른 사람을 섬길 수 있다. 베드로는 당시에는 예수님이 하시는 일을 보고 당황했지만(요 13:6-8) 수년 후에는 동료 신자들을 이렇게 격려했다. "하나님의 능하신 손 아래에서 겸손하라 때가 되면 너희를 높이시리라"(벧전 5:6). 그는 그리스도의 모범에는 우리 행동을 고치는 것 이상의 훨씬 더 큰 의미가 있음을 알았다. 곧 그리스도의 모범은 우리를 겸손하게 하고, 더불어 우리가 용서받았음을 확신하게 한다.

오늘 어떤 방식으로 다른 사람의 발을 씻어주어야 하는가? 어떻게 해야 겸손한 사랑의 마음으로 주변 사람들을 섬기기 위해 시간과 안락함을 희생할 수 있는가? 그리고 가장 중요하게는, 어떻게 해야 가장 위대한 섬김의 행위(즉 그리스도께서 십자가에서 흘린 보혈로 정결하게 하신 것)를 드러내는 방식으로 다른 사람을 도울 수 있겠는가?

 요한복음 13장 1-17절

9월 10일

우리에게 필요한 제사장

"그러므로 우리에게 큰 대제사장이 계시니 승천하신 이
곧 하나님의 아들 예수시라 우리가 믿는 도리를 굳게 잡을지어다…
그러므로 우리는 긍휼하심을 받고
때를 따라 돕는 은혜를 얻기 위하여
은혜의 보좌 앞에 담대히 나아갈 것이니라"(히 4:14-16)

구약성경은 이스라엘 안에서 대제사장에게 주어진 책임의 무게를 반복해서 강조한다(예를 들어 출애굽기 29장과 레위기 16장 참조). 대제사장이 되는 것을 가볍게 받아들여서는 안 되었으며, 오직 대제사장만이 성전의 내실인 지성소에 들어갈 수 있었다. 대제사장만 "백성의 허물을 위하여 드리는" 피 제사를 드릴 수 있었다(히 9:7). 대제사장이 죄가 없는 것은 아니었지만, 그는 하나님 앞에서 공동체를 위해 중재 역할을 했다.

하지만 히브리서 기자가 보여주듯이, 한 큰 대제사장이 있어(즉, 예수님) 다른 제사장이 할 수 없던 일을 했고 다른 인간은 질 수 없었던 무거운 책임을 어깨에 지셨다.

예수님은 예루살렘 성전에 있는 지성소 안으로 휘장을 통해 들어가지 않으셨다. 오히려 하나님의 아들로서 승천하셨고 그래서 지금은 아버지 보좌 우편에 서계신다. 그분이 이 땅에 육신을 가지고 계시지 않는다고 슬퍼할 필요가 없다. 예수님은 성령님을 통해 지금도 우리와 함께하신다. 그뿐 아니라 예수님이 여기 계시지 않는다는 것은 지금도 그분이 우리를 위해 하나님 아버지께 직접 말씀드리신다는 의미이다(히 7:25).

이런 이유로 신약성경의 사역에는 피 제사가 따로 없다. 하나님께 부름 받아 하나님의 백성을 이끌고 가르칠 책임과 권한을 부여받은 사람들은 구약의 제사장들이 했던 방식으로 백성을 위해 하나님 앞에서 중보할 필요가 없다. 우리의 큰 대제사장께서 죄를 위한 '유일한' 한 번의 큰 제사를 드리셨기 때문에 다른 중보자가 필요 없다. 실제로 예수님이 행하신 제사장 직분으로 인해 이제는 하늘에서나 땅에서나 죄를 위한 제사를 더 드릴 필요가 없어졌다. 예수님만이 우리를 위해 죽으시고 변호하실 수 있었고, 그분만이 그 일을 해내셨다.

    그리스도의 제사장직의 위대함은 그분이 친히 우리 죄를 위해 최종적으로 목숨을 바치셨다는 사실에 기인한다. 우리에게 필요한 것은 "예수는 영원히 계시므로 그 제사장 직분도 갈리지 아니하느니라"(히 7:24)는 것을 인지하는 것이다. 예수님만이 그분이 하신 일에 의지하여 하나님께 나아오는 사람들을 구원하실 수 있다. 예수님은 항상 당신의 백성을 중재하기 위해 살아계신다. 예수님은 지금 바로 이 순간에도 우리를 위해 그렇게 하고 계신다. 따라서 우리는 기도할 때마다 하늘 보좌에 들어갈 수 있고, 죽는 날 영혼이 천국에 갈 수 있다는 확신을 가지고 살 수 있다. 오늘 우리가 할 일은, 필요한 모든 일을 다 마치신 큰 대제사장을 향한 믿음의 고백을 굳게 붙드는 것이다.

 히브리서 7장 23-28절

9월 11일
하나님의 섭리 이야기

"당신들은 나를 해하려 하였으나
하나님은 그것을 선으로 바꾸사
오늘과 같이 많은 백성의 생명을
구원하게 하시려 하셨나니"

(창 50:20)

할아버지를 좋아하는 아이들을 보면 할아버지의 이야기를 사랑하는 것 같다. 요셉의 할아버지 이삭은 요셉을 앉혀놓고 하나님이 공급하신(이삭 자신의 삶에 베풀어주신) 이야기들을 들려주었을 것이다. 요셉이 할아버지께서 들려주시는 이야기와 교훈들을 얼마나 소중히 여겼을지 상상해보라. 그런데 그의 가문에 대대로 베풀어주신 하나님의 선하심은 요셉의 가장 고통스러운 순간에 그를 지탱해주었던 것 같다. 요셉의 삶을 보면, 그가 언제나 하나님의 통치를 자각했음을 알 수 있다. 나중에 시편 기자가 노래했던 "내가 산 자들의 땅에서 여호와의 선하심을 보게 될 줄 확실히 믿었도다"(시 27:13)라는 고백을 요셉도 분명히 배웠을 것이다.

요셉은 하나님이 섭리적으로 보살피신다고 증언할 기회를 계속해서 얻었다. 17세에는 형들의 미움 속에서도 하나님의 일하심을 목도했다. 르우벤이 요셉을 죽이는 대신 구덩이에 넣자고 제안하는 바람에 그는 생명을 건질 수 있었는데, 르우벤이 그런 생각을 하고 요셉의 형들이 찬성한 것은 모두 하나님이 개입하셨기 때문이다. 또 얼마 후 이스마엘 출신 장사꾼들이 바로 그 시간에 도착했다(정말 하나님이 하신 일이었다!). 그들은 평소처럼 거래를 했는데, 요셉을 보고 "됐습니다. 저 사람은 필요 없습니다"라고 말할 수도 있었다. 하지만 하나님의 섭리로 그들은 요셉을 사기로 했다.

각각의 경우에서 하나님은 요셉의 목숨을 살리기 위해, 그리고 궁극적으로는 많은 사람의 생명을 살리기 위해, 이기적인 이윤과 사람들의 갈망을 사용하셨다.

창세기 50장 20절의 진리는 요셉의 삶의 근간이다. 그의 형들은 악한 의도를 가지고 있었지만 하나님은 선한 의도를 가지고 계셨다. 그리고 하나님의 의도가 항상 이긴다. 요셉의 육신의 아버지는 가나안에 머물러 있었지만, 그의 하늘 아버지는 그와 함께 이집트로 가셨다. 요셉의 길은 형들의 질투와, 보디발 부인의 음욕과, 보디발의 분노와, 잔 맡은 신하의 이기심 때문에 재조정되었을지 모르지만, 가장 우위에서는 하나님께서 그 백성의 유익을 위해 길을 이끌고 계셨다.

우리는 요셉이 그랬던 것처럼 이 진리를 소중히 여기는가? 우리가 어디로 가는지 모르고, 하나님이 무슨 일을 하시는지 모를 때에도 하나님은 당신의 목적을 이루어가실 것이다. 이것이 모든 상황에서 우리가 갖는 소망이다. 따라서 시련이 올 때 그것을 피해서는 안 된다. 왜냐하면 우리는 그 시련이 온유하신 아버지에게서 온 것을 알고 있으며, 그 시련들로 인해 당신의 백성을 구원하고 지키시려는 하나님의 계획이 더 진전될 것을 알기 때문이다. 우리는 성경과 교회 역사를 통해 수세대 과거에 살았던 영적 가족의 삶에서 하나님의 선하심을 본다. 때로는 의심과 두려움과 실패를 경험하고 관계가 깨어지기도 하고 꿈을 잃기도 하겠지만, 이 모든 일들 속에서 우리는 여전히 하나님 아버지의 보호를 받는다.

 창세기 49장 28절-50장 21절

9월 12일
그가 우리를 낳으셨다

"…자기의 뜻을 따라 진리의 말씀으로
우리를 낳으셨느니라"

(약 1:18)

전설적인 TV 진행자 조니 칼슨(Johnny Carson)이 한번은 불만에 가득 찬 10대 자녀와 실망한 부모가 서로 싸우며 대화하는 모습을 이렇게 묘사했다. 10대 자녀가 자리를 박차고 일어나 문을 쾅 닫고 들어가면서 이렇게 외친다. "태어나게 해달라고 한 적 없거든요!" 그러면 부모는 이렇게 맞받아 소리친다. "네가 태어나게 해달라고 요구했으면 싫다고 말했을 거다!"

아무도 태어나게 해달라고 요구하지 않았다. 그리고 사실 아무도 다시 태어나게 해달라고 요구한 적도 없다. 우리의 영적 출생은 하나님이 하시도록 우리가 유도할 수 있는 일이 아님을 야고보는 겸손히 인정하며 강조한다. 그리스도 안에서 우리가 새롭게 태어나는 것은 순전히 하나님의 선하심 속에서 '하나님이' 선택하시는 것이다. 우리의 무력함 때문에 주시는 것도 아니고 우리가 선하다고 해서 주시는 것도 아니다. 하나님은 오로지 하나님의 자유롭고 주권적인 의지로 행동하신다. 예수님은 이렇게 말씀하셨다. "바람이 임의로 불매 네가 그 소리는 들어도 어디서 와서 어디로 가는지 알지 못하나니 성령으로 난 사람도 다 그러하니라"(요 3:8).

우리에게 그리스도를 보여주시는 성령님의 역사가 없이는 우리의 우둔한 마음은 어두워져 있고 우리의 도덕성은 죄로 죽어있다. 우리는 본성상 죄에 묶여있고, 우리가 처한 곤경을 해결할 방법을 간절히 찾지만 그 처한 곤경의 실체도 볼 수 없는 존재다. 그런데 우리는 믿음을 통해 하나님의 은혜로 하나님의 가족이 되었음에도 불구하고 여전히 우리 구원이 우리가 행한 일의 결과라고 믿으려는 경향이 있다. 즉 우리가 스스로 죄에서 돌이켜 어린아이와 같은 신뢰로 하나님께 돌아오기로 선택했고, 앞으로도 계속해서 그렇게 선택해야 한다고 믿으려 한다. 하지만 진실은, 우리가 듣고 "진리의 말씀"에 응답할 수 있도록 하나님께서 '우리를 낳으신' 것은 '그분의 뜻'이었다는 사실이다. 종합해 보면, 우리가 그분을 선택한 것은 과거에도 현재에도 그분이 우리를 먼저 선택하셨기 때문이다.

알렉 모티어(Alec Motyer)는 이렇게 말한다. "우리의 육적 출생에서 우리가 아무런 역할을 할 수 없었듯이 우리의 새로운 영적 출생에서도 우리가 어떤 역할을 하기란 불가능하다. 모든 일은(첫 선택에서부터 행위로 완성되기까지) 그분이 하신다. …그리고 그분의 뜻이 변할 때까지(그분의 말씀이 변하거나 그분의 진리가 거짓으로 증명될 때까지) 내 구원은 위협받거나 몰수당할 수도 없다."³

하나님의 선하심이 예수 그리스도를 통해 우리에게 회개와 믿음을 '가져다 주셨을' 뿐 아니라 우리가 믿음 안에 거하도록 '지켜주실' 것을 알 때 얼마나 안전함과 평안함과 위로를 얻는가! 우리의 믿음과 구원이 우리에게 달려있다면 그것들은 결코 안전할 수 없고 우리는 항상 불안에 떨게 될 것이다. 하지만 그것은 "변함도 없으시고 회전하는 그림자도 없으신" 하나님께 달려있다(약 1:17). 우리는 태어나게 해달라고 요청하지 않았다. 하나님이 그렇게 하셨다. 따라서 우리는 오늘도 내일도, 매일 그리고 영원히 그분의 자녀임을 확신할 수 있다.

 에스겔서 36장

9월 13일
언제까지? 왜?

"여호와여 내가 부르짖어도
주께서 듣지 아니하시니 어느 때까지리이까
내가 강포로 말미암아 외쳐도 주께서 구원하지 아니하시나이다
어찌하여 내게 죄악을 보게 하시며
패역을 눈으로 보게 하시나이까…"(합 1:2-3)

구약은 우리와 아무 상관이 없다고 생각하려는 유혹을 받는다. 하지만 본문을 보면, 연대기적으로나 지리학적으로는 멀리 떨어져 있어도 우리가 처한 상황과 그리 다르지 않다는 것을 알 수 있다.

당시 하나님의 백성은 하나님이 그들을 위해 가지고 계셨던 계획에서 멀리 떠나있었고 돌아올 기미도 보이지 않았다. 더 나쁜 것은, 그런데도 하나님이 개입하지 않으신다는 사실이었다. 하박국은 두 가지 차원에서 그 문제를 바라보았다. 하나님의 때(어느 때까지 잘못을 참아주실 것입니까?)와 하나님의 관용(왜 참아주십니까?)이다. 이런 질문은 오늘날 많은 사려 깊은 신자들이 교회를 보며 하는 질문이기도 하다. "언제까지 이렇게 두실 겁니까? 선하시고 도덕적이시고 전능하신 하나님이 왜 하나님을 따른다고 고백하는 사람들이 저지르는 영적이고 도덕적인 타락을 참으시는 것입니까?"

이런 질문과 씨름해 본 적이 있는가? 우리만 그런 것이 아니다. 이것은 새로운 문제가 아니다. 하나님의 신실한 사람들은 역사 내내 이 문제와 씨름해 왔다. 살면서 "언제까지입니까?"라는 질문을 하게 되는 상황을 만날 때, 우리에게 도움이 될 만한 관찰이 두 가지 있다.

먼저, 하나님이 우리가 원하는 시간에 우리 기도에 응답하실 만큼 '잔인하지' 않으신 것에 감사할 수 있다. 하나님이 답을 하지 않으실 때는 분명 목적

이 있어서다. 하나님의 관점은 우리가 상상하는 것보다 훨씬 더 포괄적이다. 하나님은 우리에게 그분을 신뢰하는 법을 가르치시고 우리의 이기심이나 불순종의 영역을 다루기 위해 시간을 늦추시는 것일 수 있다. 그래서 성경은 많은 경우 하나님을 기다리라고 요청한다. 우리의 실망, 실패, 혼란은 모든 것을 포괄하는 하나님의 영원한 목적 아래로 가져올 수 있다.

두 번째로, 하박국 선지자가 하나님께 도움을 요청한 것처럼 우리도 그렇게 할 수 있다. 하박국 선지자는 자신의 불평을 우리가 마땅히 고백해야 할 바로 그 장소로 가지고 왔다. 주님께로 말이다. 그는 시편 기자가 말한 것을 인식하고 있었다. "나의 도움은 천지를 지으신 여호와에게서로다"(시 121:2). 시편을 보면 경건한 신자들이 자신의 혼란스러움과 질문을 하나님께로 가져오는 내용들로 가득하다. 그러니 우리도 똑같이 할 수 있다. 하나님은 우리가 "언제까지입니까?", "왜입니까?"라고 외칠 때 다 이해하신다. 그분의 궁극적인 대답은 예수님과 그분의 승리 안에서 우리에게 주어진다. 하나님은 가장 어두운 밤이 지난 후 새벽빛을 비추신다. 따라서 자신의 마음이나 삶, 혹은 교회를 바라보며 "오 주여, 언제까지 울부짖어야 합니까?"라는 고백이 나온다면, 다음의 말에서 위로를 찾을 수 있을 것이다.

> 하나님은 여전히 보좌에 계신다.
> 그리고 하나님은 당신의 소유된 백성을 기억하실 것이다.
> 시련이 우리를 내리누르고 무거운 짐으로 고생할 때에라도
> 하나님은 절대 우리를 홀로 내버려 두지 않으실 것이다.**4**

 시편 121편

9월 14일
함께 일하기

"형제 아볼로에 대하여는
그에게 형제들과 함께 너희에게 가라고
내가 많이 권하였으되…"

(고전 16:12)

그리스도의 몸은, 적어도 사역에 있어서는, 1인 밴드를 위한 장소가 아니다. 그리스도인의 삶은 경쟁이 아니라 팀 게임이다. 사도 바울은 초대교회에 보내는 그의 편지마다 반복해서 이것을 상기시킨다.

고린도 교회는 초기부터 영적 다툼으로 위협을 받았는데, 몇몇 사람들이 바울보다 아볼로의 보살핌을 더 선호했고 바울도 이를 알았다(고전 3:3-7). 만약 바울이 자신의 유익을 찾고 자기 평판을 높이는 데 관심이 있거나 교회가 그를 의지하게 만들고자 했다면, 분명 아볼로가 고린도로 돌아오지 못하게 했을 것이다. 하지만 바울은 그렇게 하지 않았다. 사실 그와 정반대로 했다. 바울이 원하는 것은 하나님의 백성이 목자의 돌봄을 받는 것이었다. 그는 사역이 함께 수고하는 것임을 알고 있었다.

하나님은 바울이 초대교회 사역팀과 놀라운 방식으로 함께하게 하셨다. 예를 들어 디모데의 경우를 보자. 바울은 고린도 교회 교인들에게 이렇게 말했다. "디모데가 이르거든 너희는 조심하여 그로 두려움이 없이 너희 가운데 있게 하라 이는 그도 나와 같이 주의 일을 힘쓰는 자임이라 그러므로 누구든지 그를 멸시하지 말고 평안히 보내어 내게로 오게 하라 나는 그가 형제들과 함께 오기를 기다리노라"(고전 16:10-11). 많은 사람이 보기에 디모데는 사역하기에 부적합한 사람처럼 보였을 것이다. 그는 천성적으로 유약하고(그래서 바울은 교회에게 그를 조심스럽게 대하라고 상기시켰다), 육체적으로 연약하고(소화를 위해 포도주를 조금 먹으라는 조언을 받았다), 가장 나이가 어렸다(딤전 4:12; 5:23). 하지만 바울은 하나님께서 디모데에게 일을 맡기셨음을 알았고 그래서 그가 그 일을 완수하도록 도와주어야 한다는 것을 잘 알고 있었다.

많은 사람(뵈뵈, 브리스가, 아굴라, 아가이고, 브드나도와 같은 남녀)이 바울과 함께 사역했다. 이들은 모습도 다르고 하는 일도 달랐다. 그들의 은사도 다 달랐다. 하지만 모두가 사역에서 핵심적인 역할을 했다. 오늘날 교회도 마찬가지다. 우리는 모두 주님으로부터 다른 일을 부여받았다. 따라서 우리는 비슷하거나 좋아하는 사람하고만 사역을 하려는 고집을 내려놓아야 한다. 우리는 이렇게 말해서는 안 된다. "난 그분이 설교하는 방식만 마음에 들어." "나는 그분 목소리만 잘 알아듣겠어." "나는 그분과 엮이고 싶지 않아." 그 대신, 우리는 모든 하나님의 종에 대해 감사할 수 있어야 한다.

대부분의 사람은 자기와 직접 관계하는 사람들 외에는 그를 아는 이가 없는 삶을 산다. 그러나 우리의 묘비명에는 얼마든지 이렇게 기록될 수 있다. "여기 누구누구가 누워있다. 그는 그를 안 사람들에게 큰 도움을 주었다."

"예수님을 위해 오직 당신만이 할 수 있는 일이 있다"[5]는 말을 믿는가? 하나님이 그 손을 우리 위에 얹으시고 우리에게 일을 맡기실 때, 비록 그것이 하찮아 보여도 진지하게 그 일을 받아들이겠는가? 우리는 공동체 안에서 그분의 나라를 위해 연합한 팀으로서 함께 그분을 섬기도록 부름받았다. 자신의 역할을 감당하고 다른 사람들이 그들의 역할을 감당하도록 격려하며 나갈 때 기쁨과 만족이 있을 것이다.

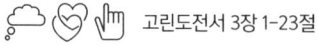 고린도전서 3장 1-23절

9월 15일
약함의 유익

"…우리를 치러 오는 이 큰 무리를
우리가 대적할 능력이 없고
어떻게 할 줄도 알지 못하옵고
오직 주만 바라보나이다"

(대하 20:12)

우리의 부족함(특히 하나님을 위해 살고 섬기는 데 있어서)을 깨닫는 데는 그리 오랜 시간이 걸리지 않는다. 삶의 상황이 우리를 압박할 때, 우리 앞에 놓인 어려움을 고통스럽게 인식하고 재빨리 몸을 움츠리는 자신을 느낄 수 있다. 사람들은 "너는 할 수 있어!"라고 말하지만, 우리는 자신이 할 수 없다는 것을 안다. 우리는 이런 처지를 피곤해하면서도 우리에게 강하고 담대하기를 요구하는 세상에서 자신의 연약함을 직면하려 하지는 않는다.

이런 곤경에 처했다면 용기를 가지라. 우리만 그런 것이 아니다.

유다의 여호사밧왕은 하나님의 백성이 하나님의 율법을 다시 발견하도록 도왔고 변화를 이끌어낸 훌륭한 인물이다(대하 19장). 그는 백성들에게 하나님의 말씀을 알고 순종하는 것이 얼마나 중요한지 상기시켜서 그들이 온 마음을 다해 용기를 가지고 신실하게 하나님을 섬기도록 했다.

그럼에도 불구하고 여호사밧왕도 두려움이 있었다. 유다의 적들이 그의 나라를 위협했을 때, 그는 그 나라들의 우월함과 자기 백성의 무능함을 명확히 알고 있었다. 그리고 그러한 무능함에 대한 바른 반응은 온전히 하나님을 의지하는 것이라는 사실도 알았다. 여호사밧왕은 자신의 연약함과 불확실성에 직면했을 때, 위를 향해 시선을 고정하고 이렇게 기도했다. "어떻게 할 줄도 알지 못하옵고 오직 주만 바라보나이다."

대적이 우리를 향해 "너희는 재앙이고 완전히 쓸모없는 존재야!"라고 속삭일 때, 우리는 그의 거짓말을 하나님의 말씀의 진리 위에 놓고 이렇게 말할 수 있다. "너희 안에서 착한 일을 시작하신 이가 그리스도 예수의 날까지 이루실 줄을 우리는 확신하노라"(빌 1:6). 또 유혹과 싸우면서 연약하다고 느낄 때, 하나님 말씀을 붙들고 우리 자신에게 이렇게 선포할 수 있다. "사람이 감당할 시험 밖에는 너희가 당한 것이 없나니 오직 하나님은 미쁘사 너희가 감당하지 못할 시험 당함을 허락하지 아니하시고 시험 당할 즈음에 또한 피할 길을 내사 너희로 능히 감당하게 하시느니라"(고전 10:13). 그리고 혼자 남겨진 것 같은 의심이 들 때는 "내가 결코 너희를 버리지 아니하고 너희를 떠나지 아니하리라"(히 13:5) 하신 말씀을 붙들 수 있다.

우리가 우리의 연약함을 인정할 때, 우리의 전능하신 구원자는 그것을 우리의 유익과 그분의 영광을 위해 사용하실 것이다. 무엇을 해야 할지 모를 때, 그분께 시선을 고정하고 여호사밧왕과 온 유대를 구원하신 하나님이 우리를 인도하고 구원하시길 간구하자(대하 20:14-17, 22-25).

성경 곳곳에 등장하는 사람들처럼, 하나님은 지금도 예상 밖의 사람들, 유약하고 주저하는 사람들을 사용하시기로 선택하신다. 이들을 구별하신 이유는 그들의 능력이나 힘, 자기 확신 때문이 아니다. 그들이 자신의 연약함에 지지 않았기 때문이다. 그들은 자신의 연약함을 받아들이고 그것을 극복하기 위해 하나님의 능력에 의지했다.

오늘 그렇게 하겠는가?

 역대하 20장

9월 16일
영원한 배당금

"내가 선물을 구함이 아니요 오직 너희에게 유익하도록
풍성한 열매를 구함이라 내게는 모든 것이 있고 또 풍부한지라
에바브로디도 편에 너희가 준 것을 받으므로 내가 풍족하니
이는 받으실 만한 향기로운 제물이요 하나님을 기쁘시게 한 것이라"

(빌 4:17-18)

바울이 빌립보 교회에 편지를 쓰면서 '재정적으로 도와줘서 고맙다'고 표현한 방식이 참 새롭다. 그들의 관대함이 바울을 기쁘게 한 이유는 그들의 선물이 '바울 자신에게' 부여하는 의미가 아니라 '그들 자신에게' 부여하는 의미 때문이었다. 바울은 그들의 베풂이 그것을 받는 바울 자신보다 그것을 주는 그들에게 더 유익하다고 말한다!

바울이 그들의 관대함으로 크게 기뻐하는 이유는 그들이 베풂으로 인해 영원한 유익을 얻게 될 거라고 확신했기 때문이다. 그의 확신은 예수님의 가르침에 근거를 두고 있었다. 예를 들어 누가복음에서 베드로는 예수님께 이렇게 말했다. "보옵소서 우리가 우리의 것을 다 버리고 주를 따랐나이다"(눅 18:28). 베드로가 왜 이런 말을 했는지, 그 동기를 우리는 정확히 알 수 없지만 예수님의 대답은 알고 있다. 예수님은 이렇게 말씀하셨다. "내가 진실로 너희에게 이르노니 하나님의 나라를 위하여 집이나 아내나 형제나 부모나 자녀를 버린 자는 현세에 여러 배를 받고 내세에 영생을 받지 못할 자가 없느니라"(29-30절). 예수님은 베드로와 다른 제자들에게 그들이 다 잃은 것이 아니라 미래에 투자한 것이라고 말씀하셨다.

성경은 현재와 영원의 가까움(the nearness of eternity), 둘 다를 분명히 말한다. 우리는 지금 우리가 베풀고 생각하고 살아가는 데 있어서 영원이 아무런 영

향을 미치지 못하는 것처럼 여기며 살기 쉽지만, 사실 영원은 우리 바로 옆에 있을 뿐 아니라 현세의 덧없는 삶에 비하면 훨씬 오래 지속된다. 따라서 영원한 삶에서 사용하리라고 기대하며 풍성한 배당금을 내는 것이 합당하다.

영원의 관점에서 후하게 베푸는 능력은 '유일하고' 위대한 공급자이신 하나님의 관대함에 뿌리를 둔다. 베풂에서 최고의 잘못은 전혀 베풀지 않는 것이다. 우리는 자신에게 베풀 만한 여력이 없다고 생각할 수 있다. 하지만 사실 우리는 주지 '않을' 수가 없다. 예수님은 사랑을 가득 담아 이렇게 약속하신다. "주라 그리하면 너희에게 줄 것이니 곧 후히 되어 누르고 흔들어 넘치도록 하여 너희에게 안겨 주리라 너희가 헤아리는 그 헤아림으로 너희도 헤아림을 도로 받을 것이니라"(눅 6:38).

그러니, 돈을 어떻게 쓰고 있는지 돌아보라. 은퇴자금이나 주식 투자, 혹은 학자금 저축 같은 것 말고 영원의 차원에서 '신용을 높이기 위해' 하는 투자 말이다. 복음을 전할 때(투자할 때) 우리에겐 큰 유익이 있다. 미래의 삶이 오늘의 삶에서 지출을 결정하게 하자. 그럴 때 후하게, 기쁘게 줄 수 있다.

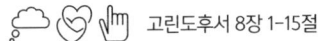 고린도후서 8장 1-15절

9월 17일
다른 이가 없다

"땅의 모든 끝이여 내게로 돌이켜 구원을 받으라
나는 하나님이라 다른 이가 없느니라"

(사 45:22)

매일 새벽녘이 되면 많은 무리가 강과 떠오르는 태양을 숭배하기 위해 인도 갠지스강 둑으로 향한다. 많은 이가 영원의 복을 바라며 사랑하는 사람들의 재를 흩뿌린다. 인도에 있는 수백만 힌두인을 대표하는 이 사람들은 '신'이 모든 것 안에 있다고 믿는다.

이런 숭배의 모습이나 소리는 우리와 동떨어진 것처럼 보인다. 그러나 인정하고 싶지는 않지만, 사실 다른 한편으로는 우리 모습도 이와 크게 다르지 않다.

우리의 문화를 둘러보면 우상숭배와 그 미묘한 요소들이 어느 때보다 널리 퍼져있는 것을 보게 된다. '세계의 위대한 종교들은 본질적으로 동일하기 때문에 무엇을 믿는가는 중요하지 않다'는 오늘날의 개념에서도 이를 볼 수 있다. 부패하고 희석된 기독교 아류들이 너무나 많다. 우리의 욕망에 딱 들어맞고 우리의 선택을 동조해주는, 우리가 만들어낸 '하나님'을 예배하는 데 너무 익숙해진 결과다. 대규모 스파 시설과 요가 수업들은 피상적인 형태의 만유내재신론(panentheism)을 보여준다. 우리가 우리 자신과 우리 몸을 신처럼 대하는 데 매우 능숙하기 때문이다.

사실 우리에게는 수백 개의 대체 신들이 있다. 즉 우리에게 자유를 약속하지만 사실은 우리의 품격을 떨어뜨리고 속박하는 우상들이다. 성을 숭배하면 그로 인해 우리가 가진, 사랑하고 사랑받을 능력이 쇠퇴할 것이다. 술을 숭배하면 술이 덫이 될 것이다. 돈을 숭배하면 돈에 먹힐 것이다. 가족을 숭배하면 우리는(혹은 가족들은) 채울 수 없는 기대감이라는 짐에 눌려버릴 것이다. 어떤 대체 신을 숭배하든 그것으로 만족할 수 없다는 것을 알게 될 것이다.

우상들과 엮이면 엮일수록 성경이 무오한 하나님의 말씀이라는 확신을 점점 잃어버릴 것이다. 이렇게 되면 나사렛 예수가 삼위일체의 제2위격이시며 우주의 창조자이시며 부활하신 주님이시며 승천하신 왕이시며 (언젠가) 다시 오실 그리스도이심을 확신 있게 선포할 수 없다. 따라서 하나님께서 "내가 너희에게 명령한다. 모든 사람아, 회개하라. 헛된 우상에서 돌이키라. 창조주이며 공급자이며 통치자이며 아버지이며 심판자인 나를 경배하라"(참조. 행 17:30)고 하신 것은 (비록 우리를 불안하게 만들기는 하지만) 은혜의 행위다.

주님을 거역하고 구원받지 못하게 하는, 우리 마음에서 끊임없이 올라오는 우상숭배의 유혹을 치료할 해독제가 있는가? 해독제는 간단하다. "땅의 모든 끝이여 내게로 돌이켜 구원을 받으라 나는 하나님이라 다른 이가 없느니라"(사 45:22). 모든 것을 창조하시고 지탱하시는 하나님 외에 자신이 숭배하기 쉬운 우상이 무엇인지 살펴보라. 하나님은 하나님이시고 우상들은 그렇지 않다. 하나님은 구원하실 수 있고 우상들은 할 수 없다. 우상들에게서 다시 한 번 돌이켜 그분께로 향하라.

 이사야서 45장 18-25절

9월 18일
지금부터 영원까지

"또 내가 새 하늘과 새 땅을 보니
처음 하늘과 처음 땅이 없어졌고
바다도 다시 있지 않더라"

(계 21:1)

예수 그리스도의 재림에 대해 무엇을 알고 있는가? 성경은 직접적인 몇 가지 사실을 말해준다. 예수님이 개인적으로, 육체로, 눈에 보이게, 영광스럽게 오신다는 것을 우리는 안다. 또한 그분이 다시 오시는 시간은 아무도 모르며, 갑작스러울 것이고, 그분을 섬기는 자들과 그분을 거절한 자들이 나뉘리라는 것도 안다.

또한 요한계시록에서 고난받던 1세기 성도들에게 선포된 내용은 우리에게도 여전히 유효하다. 예수님이 통치하시므로, 세상에서 당하는 고난에 놀라지 말라는 것이다. 그리스도의 나라가 영원히 완성되고 그분의 재림이 새 하늘과 새 땅에서 시작될 때 그리스도의 능력은 온전히 드러날 것이다.

천국이 땅으로 내려온다는 개념("새 예루살렘이 하나님께로부터 하늘에서 내려오니", 계 21:2)은 다른 많은 현대 세계관, 특히 서구 세계관에서는 온전하게 이해되지 않는 개념이다. 우리 문화는 본질적으로 자신감이 넘친다. 그래서 조금 더 교육받고, 조금 더 사회 복지를 늘리고, 조금 더 모든 이를 고려해서 세상을 복구하려는 시도를 한다. 하지만 인간이 만든 정책은 세상이 필요로 하는 회복을 진정으로 이룬 적이 한 번도 없다. 인간의 노력으로 조금은 좋아질 수 있지만 완벽해질 수는 없다. 천국은 그리스도께서 오실 때까지는 땅 위에 내려오지 않을 것이다. 피조세계는 현재 죄의 손아귀에 잡혀 있기에, 하나님의 백성이 어린양 앞에 절하며 찬양할 때에야, 곧 종말에서야 오직 하나님만이 그 문제를 고치실 수 있고, 고치실 것이다.

당분간 우리는 이방 땅에서 유배자로 살아가야 한다. 우리는 지금 그리스도께 적대적인 세상, 그분의 말씀에 적대적이고, 그분께 순종하는 삶에 적대적인 세상에서 살아간다. 믿는 자로서 우리가 느끼는 유혹은, 거룩한 자들이 모인 적은 무리에 숨어서 세상에 관여하지 않고 사는 것이다. 하지만 예레미야 선지자가 바벨론에 포로로 잡혀간 자들에게 그들이 살던 성읍의 평안을 구하라고 했던 것처럼(렘 29:7), 우리도 우리가 사는 세상의 평안을 빌어야 한다. 그러기 위해서는 이 세상 속에 살면서도 이 세상에 속하지 않고 다른 곳을 가리키는 삶을 살아가며, 그곳을 드러낼 수 있어야 한다.

십자가에 못 박히시고 부활하셔서 지금도 다스리고 계시며 언젠가 다시 오실 그리스도의 승리의 이야기에 기뻐할 때, 우리는 이 세상 너머를 가리킬 확신을 갖게 된다. 그분의 재림에 대한 소망과 그분과 함께 영원을 살려는 소망이 있을 때, 지속적으로 거룩하게 살 수 있고 그분의 이름을 전하려는 열망을 가질 수 있다. 그분의 재림을 믿는 믿음의 눈으로 미래를 바라보라. 그런 다음 오늘 주변에 있는 사람들의 평안을 위해 살아가라.

 고린도전서 15장 50-58절

9월 19일
마음으로 드리는 제사

"믿음으로 아벨은 가인보다 더 나은 제사를
하나님께 드림으로 의로운 자라 하시는 증거를 얻었으니
하나님이 그 예물에 대하여 증언하심이라
그가 죽었으나 그 믿음으로써 지금도 말하느니라"

(히 11:4)

어떻게 해야 우리의 행위가 하나님 보시기에 합당할까?

창세기 4장은 이 세상에 최초로 태어난 두 아이, 가인과 아벨에 대한 이야기를 들려준다. "세월이 지난 후에 가인은 땅의 소산으로 제물을 삼아 여호와께 드렸고 아벨은 자기도 양의 첫 새끼와 그 기름으로 드렸더니 여호와께서 아벨과 그의 제물은 받으셨으나 가인과 그의 제물은 받지 아니하신지라 가인이 몹시 분하여 안색이 변하니"(창 4:3-5). 히브리서 기자가 아벨과 그의 믿음에 대해 말하면서 언급한 것이 바로 희생제사다.

무엇보다 히브리서 기자는 아벨이 그의 형보다 더 나은 제사를 드렸던 것은 "믿음으로" 드렸기 때문이라고 말한다. 아벨이 "의로운 자라 하시는 증거"를 얻은 것은 이 희생제사를 통해서였다. 하나님이 왜 가인의 제물은 받지 않으시고 아벨의 제물은 받으셨는지에 대해 추측성 이론에 빠지기 쉽지만, 우리는 주어진 사실에 집중할 필요가 있다. 우리가 들은 내용을 놓고 볼 때 이 사실은 모호하지 않다. 하나님이 아벨의 제물을 받으신 것은 그 제물의 내용 때문이 아니라, 그 행위가 헌신적이고 순종적인 마음을 외부로 표현하는 것이었기 때문이다.

하나님이 아벨의 제물을 받으신 이유는 그가 식물 대신 짐승을 드렸기 때문이 아니다. 그 차이는 드려진 제물이 아닌 제물을 드린 사람에게 있다. 존

칼빈(John Calvin)은 이 부분을 주석하면서 아벨의 제사가 형의 제사보다 나았던 것은 "그것이 믿음으로 드려져 정결해졌기 때문"이라고 말한다.[6]

이 차이는 하나님이 선지자들을 통해 말씀하신 것과 일치한다. 예를 들어 하나님은 이사야서에서 이렇게 말씀하신다. "헛된 제물을 다시 가져오지 말라 분향은 내가 가증히 여기는 바요 월삭과 안식일과 대회로 모이는 것도 그러하니 성회와 아울러 악을 행하는 것을 내가 견디지 못하겠노라"(사 1:13). 이는 하나님이 "나는 송아지와 염소와 양들의 울음소리에는 관심이 없다. 나는 제사보다 순종을 간절히 원한다(참조. 삼상 15:22). 너희가 이런 행위로 나에게 잘보이려고 한다면 절대 그런 일은 없을 거라고 말해주고 싶다"라고 말씀하신 것과 같다.

"믿음이 없이는 하나님을 기쁘시게 하지 못하나니"(히 11:6). 우리의 선한 행위는 우리가 하나님께 받아들여진 결과이지 받아들여지기 '위한' 수단이 아니다. 우리의 선한 행위는 하나님의 사랑에 대한 우리의 응답이지 그 사랑을 확실히 하는 수단이 아니다. 우리의 행위가 아벨의 행위처럼 하나님께 영광과 기쁨을 드리는 것이 되려면, 그 행위들이 하나님을 인격적으로 신뢰하고 그분께 헌신하며 그분께 우리의 사랑을 드러내는 표현이 되어야 한다. 그러니 오늘 하나님께 받아들여지기 위해, 혹은 그분께 받아들여진 상태를 유지하기 위해 순종하지 말라. 그것을 보장하는 것은 믿음이다. 마찬가지로 믿음으로 이미 받아들여진 것에 만족해서 그분께 순종하는 일에 부족함이 있어서는 안 된다. 오히려 그분의 사랑을 받아 누리고 그분을 기쁘시게 해드리기 위해 순종하라.

 이사야서 1장 10-20절

9월 20일
우리의 가난을 인정하기

"예수께서 눈을 들어 제자들을 보시고 이르시되
너희 가난한 자는 복이 있나니
하나님의 나라가 너희 것임이요"

(눅 6:20)

예수님은 세상이 경시하는 것을 높이시고 세상이 높이는 것을 거절하신다.

이것이 팔복의 위대한 도전이다. 부에 대한 예수님의 가르침을 여기서보다 더 중요하게 다룬 곳은 없다. 우리가 사는 세상은 더 많이 쌓으라고, 특히 경제적이고 물질적인 부의 영역에서 더 많이 쌓으라고 외친다. 우리의 소비문화는 편안한 것이 제일이라고 말하고 우리는 모두 이런 문화에서 허우적거리고 있다.

그래서 예수님은 이 설교를 이렇게 시작하신다. "가난한 자는 복이 있다." 지금 무슨 말씀을 하시는 것인가? 물질적인 가난이 구원의 열쇠라고 말하시는 것인가? 전혀 그렇지 않다! 오히려 진심으로 자신의 '영적인 가난'을 인지한 사람들은 하나님 나라에 들어가게 된다는 설명을 하시는 것이다.

물론 이 말씀을 '가난한 사람은 자동으로 하나님 나라에 들어가니 크게 기뻐하라'고 가르치시는 것이라 주장하는 사람도 있다. 하지만 그런 가난은 하나님 나라에 들어가는 열쇠가 아니며, 부 자체가 어떤 사람을 배제시키는 주요 이유도 아니다. 사실 부자와 가난한 자 모두 그들이 용서받아야 할 존재임을 깨닫고 예수님을 구원자로 믿으면 하나님 나라에 들어갈 수 있다. 그렇지 않다면 빌립보에 살았던 부유한 상인 루디아라는 여자가 복음의 진리에 마음을 열고 눈을 뜰 수 없었을 것이다(행 16:11-15). 정말 필요한 것은 그리스도와 분리되어 있는 영적인 가난을 자각하는 것이다.

그러나 경제적인 가난이 영적인 복의 수단이 될 수 있다는 사실에 주목하는 것이 중요하다. 이런 가난은 종종 사람들에게 그들이 육체적이고 물질적인 필요뿐 아니라 영적인 복을 위해서도 전적으로 하나님께 의존해야 한다는 것을 깨닫게 한다. 이런 이유로 가난은 풍요함보다는 복음에 훨씬 더 잘 반응하게 한다. 물질적으로 부유하다 보면 우리의 깊은 필요를 보지 못할 수가 있다. 즉 하나님 나라로 옮겨져야 한다는 필요를 보지 못한다. 부는 종종 교만의 출처가 되어서 부한 자도 가난한 자와 마찬가지로 "풀의 꽃과 같이 지나감"(약 1:10)을 잊게 만든다.

존 칼빈은 이렇게 설명한다. "자신 안에서 무(無)로 축소되고 하나님의 자비에 의존하는 사람만이 **심령이 가난한 자다**." [7] 가난은 시련을 가져온다. 하지만 부유함도 그렇다는 것을 경험해 보았는가? 부는 우리를 교만하게 하고 자신을 의지하게 하며 영적 태만에 빠지게 한다.

그러니 우리의 영적 가난함을 기꺼이 인정하겠는가, 아니면 우리의 세상적 부유함에 만족하며 자기 확신에 차서 살겠는가? 여기 진실한 답이 있다. 잠언에 나오는 아굴의 기도를 보자. "나를 가난하게도 마옵시고 부하게도 마옵시고…"(잠 30:8).

 누가복음 6장 20-36절

9월 21일

박해의 복

"인자로 말미암아 사람들이 너희를 미워하며 멀리하고 욕하고
너희 이름을 악하다 하여 버릴 때에는 너희에게 복이 있도다
그 날에 기뻐하고 뛰놀라 하늘에서 너희 상이 큼이라
그들의 조상들이 선지자들에게 이와 같이 하였느니라"

(눅 6:22-23)

사랑받는 것은 중요하다. 이는 누구에게나 자명한 사실이다. 그래서 예수님이 "인자로 말미암아" 다른 사람이 우리를 미워하고 우리를 배제하고 우리를 모욕할 때 복이 있다고 가르치신 것은 큰 충격으로 다가온다.

그런 비난을 받는 것은 우리와 예수님과의 관계 때문이다. 사실 예수님은 모든 믿는 자가 이를 정말 경험할 것이라고 말씀하신다. 우리가 예수님 편에 설 때 우리는 세상으로부터 거부당할 것이다. 예수님은 이 진리를 성경 다른 곳에서도 발전시키신다. 예를 들어 예수님이 죽으시기 전날 밤, 예수님은 자신을 따르는 자들에게 말씀하셨다. 세상이 그들을 미워하기 전에 예수님을 미워했고, 그들은 예수님의 종이기에 주와 같은 박해를 받을 것을 예상해야 한다고 말이다(요 15:18-20).

어쩌면 학교에서 이런 박해를 경험한 이도 있을 것이다. 성경을 옹호했다가 친구들로부터 갑자기 소외되는 것을 느꼈을 수 있다. 예수님이 누구신지, 왜 죽으셨는지, 그것이 무슨 의미인지를 말했다는 이유로 친구들로부터 외면받거나 일터에서 승진에 제외되는 경험을 했을 수도 있다. 믿음 때문에 가족들로부터 거부당하는 고통을 경험했을 수도 있다. 예수님 편에 서서 주장하다 보면 미묘하게 그리고 너무나 분명하게 거부감이 표출되고, 조롱하는 분위기에 압도당하는 경험을 할 것이다.

하나님께 순종하며 살다가 사람들에게 배제되거나 비방을 받는 경험은 쉬운 일도 아니고 즐거운 일도 아니다. 사실 거부당하는 것은 정말 마음 아픈 일이다. 그렇다면 우리는 어떻게 이 속에서도 복과 위안을 찾을 수 있을까?

예수님이 말씀하신 진리를 붙들어야 한다. 우리가 인자를 따른다는 이유로 세상의 미움을 받을 때 이상하게 여기지 말라는 것이다. 사실 우리는 복을 아는 자리에 있다. 다른 말로 하면, 이런 부당한 대우를 받는 것이 우리가 진실한 믿음을 갖고 있고 주님과 진실한 관계를 맺고 있다는 가시적인 증거다. 더 나아가 예수님은 우리가 사람들 앞에서 그분을 인정하면 그분도 우리를 하늘에 계신 아버지 앞에서 인정하겠다고 약속하셨다(마 10:32).

거룩한 삶을 사는 사람들(담대하게 하나님 말씀을 전하고, 순종할 준비가 되어 있으며, 순종적인 삶과 대중적인 삶 사이의 존재하지 않는 중간 지점을 찾는 것을 거부하는 사람들)은 결국에는 불경건한 자들과 부딪칠 수밖에 없고, 세상의 적대감을 불러일으킬 수밖에 없다. 그리스도 편에 서서 말하고 그리스도를 위한 삶을 살기 위해 거부당할 위험을 감수하라는 요청에 어떻게 반응하겠는가? 용기를 잃지 말라! 오히려 복음 때문에 비방당하고 미움받을 때 기쁨으로 반응해보라. 예수님이 "하늘에서 너희 상이 큼이라"고 말씀하셨기 때문이다. 세상에는 그것과 비교할 만한 것이 아무것도 없다.

 다니엘서 3장

9월 22일
사랑의 법

"그러나 너희 듣는 자에게 내가 이르노니
너희 원수를 사랑하며
너희를 미워하는 자를 선대하며"

(눅 6:27)

성경을 읽고 성경이 말하는 기독교를 알게 되면서, 자신이 정말 그리스도인인지 의심해 본 적이 있는가? 나는 그렇다.

믿는 자로서 우리의 확신도, 우리를 향한 하나님의 사랑도, 우리가 특정 기독교 원리를 살아내느냐 아니냐에 달려있지 않다. 이 둘은 그리스도께서 십자가 위에서 우리를 위해 성취하신 일에 달려있다. 그럼에도 불구하고 성경은 우리에게 구원의 증거를 현재에서 찾으라고 가르친다. 우리가 진정으로 하나님 아버지의 자녀라면 우리를 향한 예수님의 사랑을 본받아 다른 사람을 사랑할 수밖에 없다.

예수님은 누군가가 매력적이고 장점이 많고 사랑할 만해서가 아니라, 다른 방식으로 사람을 사랑하라고 우리에게 요구하신다. 우리는 이것이 정확히 하나님이 우리를 사랑하신 방식이라는 것을 안다. 하나님은 우리가 행실을 바르게 하고 그분의 관심을 받을 만한 자격이 있어서, 혹은 우리가 하나님께로 나아가려 하고 그분께 유익하기 때문에 사랑하시는 것이 아니다. 이러한 것들은 우리를 향한 하나님의 사랑의 속성이 전혀 아니다. **"우리가 아직 죄인 되었을 때**에 그리스도께서 우리를 위하여 죽으심으로 하나님께서 우리에 대한 자기의 사랑을 확증하셨느니라"**(롬 5:8, 강조는 저자 추가).

따라서 우리 믿음의 가장 큰 척도는 사랑이다. 우리가 풍성히 받은 그 사랑을 그대로 보여주는 사랑이다. 우리는 아가페 사랑(조건 없는 희생적인 사랑)을 한다. 그 사랑이 하나님의 속성이면서 우리를 위해 행하신 모든 일의 표현이기 때문이다. 우리가 원수에게 이런 사랑을 행하는 것은 그들이 정말로 어떤 사람들인지 몰라서가 아니라, 우리를 향한 하나님의 사랑에 초점을 맞추기 때문이다. 예수님은 우리가 다른 사람을 있는 그대로 보면서(그들의 추함과 악의, 모든 저주, 모든 증오, 우리에게 빚진 것을 갚지 않으려는 고집) 이 모든 것을 그대로 인식한 후에 그들을 사랑하라고 말씀하신다. 예수님의 말씀은 "그 모든 적대감을 보고서도 나는 너희들이 너희 원수를 사랑하기를 원한다"는 것이다.

우리는 본성상 이런 사랑을 보여줄 능력이 없다. 하지만 우리가 일상의 삶에서 전혀 다른 방식으로, 우리에게 적대적으로 행동하는 사람들에게 최선을 다하는 '그리스도를 닮은 사랑'을 살아낼 준비를 한다면, 세상을 얼마나 다르게 살 수 있을지 생각해보라. 그것은 의심의 여지없이 혁명적일 것이다.

 사도행전 9장 10-28절

9월 23일
아버지의 자비를 닮아가기

"오직 너희는 원수를 사랑하고 선대하며 아무 것도 바라지 말고 꾸어 주라
그리하면 너희 상이 클 것이요 또 지극히 높으신 이의 아들이 되리니
그는 은혜를 모르는 자와 악한 자에게도 인자하시니라
너희 아버지의 자비로우심 같이 너희도 자비로운 자가 되라"

(눅 6:35-36)

"너희 아버지의 자비로우심 같이 너희도 자비로운 자가 되라"는 말씀은 예수님의 유명한 가르침인 팔복(눅 6:20-23)의 핵심구절로서, 모든 믿는 자의 삶의 좋은 모토가 된다. 이 말씀은 우리가 다른 사람들, 특히 그분에 대한 우리의 신실함 때문에 우리를 미워하는 사람들을 대하는 방식과 관련해 예수님께서 이전에 하신 모든 말씀을 강조한다(22절).

하지만 이런 질문이 따라온다. 자비로운 자가 된다는 것은 실제로 어떤 모습일까? 예수님은 우리의 지혜롭고 다정한 목자이시기에 우리 혼자서 이 원리를 알아내도록 내버려두지 않으신다. 오히려 예수님은 자비로운 하늘 아버지를 닮아가는 것이 어떤 의미인지 구체적으로 가르쳐주신다.

하나님은 "은혜를 모르는 자들과 악한 자들에게 친절하시다." 우리는 하나님의 자녀로서 원수를 사랑하며, 악을 선으로 갚고, 돌려받을 생각을 하지 않고 줌으로써 이와 같은 친절을 보여주도록 부름받았다. 예수님께서 여기서 어떤 예외나 면제 조항을 나열하지 않으셨다는 점에 주목하라.

예수님은 우리를 하나님의 친절을 담아내는 그릇으로 부르신 다음, 바로 이어서 다른 사람을 판단하지 말라고 말씀하신다(눅 6:37). 이는 사람들과 관계를 맺을 때 우리의 비판적인 능력을 사용하지 말라는 명령이 아니다. 우리는 진실과 오류 혹은 선과 악을 분별하기 위해 우리의 지성을 사용해야 한다.

이와 마찬가지로 예수님은 우리에게 죄에 대해 눈을 감거나, 잘못을 지적하지 말라고 가르치지 않으셨다. 예수님이 우리에게 판단하지 말라고 하신 것은, 자기 의에 빠져 자기를 높이고 위선적이며 냉혹하게 다른 사람을 판단하지 말라는 말씀이다. 다른 사람의 잘못을 강조하다가 늘 씁쓸함을 자아내게 하는 태도를 정죄하신 것이다.

이런 불친절한 마음은 친구와 원수 모두에게 자비를 넘치게 하라는 예수님의 권고에 어긋난다. 각자가 자신도 모르게 갖고 있는 판단의 영을 찾아 뿌리 뽑아서 잔인함 대신 친절을, 냉혹함 대신 이해를 가져야 한다.

이것이 하나님이 우리에게 보여주셨던 그 친절을 다른 사람에게 보여주는 방식이다. 전해지는 이야기가 하나 있다(아마 사실이 아닐 것이다). 엘리자베스 2세 여왕이 동생 마가렛과 파티에 가기 전날에는 꼭 어머니에게 이런 말을 들었다고 한다. "명심해라. 왕족의 자녀는 왕족답게 행동한다는 것을." 그들이 자신의 행동 때문에 왕족이 된 것은 아니지만 그들의 행동은 그들이 왕족임을 보여준다.

그리스도인인 우리는 온 우주의 왕족 가문에 속한다. 우리 아버지가 온 우주의 왕이시다. 우리의 행동이 우리가 누구인지, 그리고 우리가 누구에게 속했는지를 보여준다는 것을 명심하라. 우리의 아버지께서 자비로우시니, 자비로운 자가 되라.

 에베소서 4장 25절-5장 2절

9월 24일
정죄가 아닌 생명을 말하라

"비판하지 말라 그리하면 너희가 비판을 받지 않을 것이요
정죄하지 말라 그리하면 너희가 정죄를 받지 않을 것이요…"

(눅 6:37)

때로 다른 사람을 정죄하는 것이 당연한 권리처럼 생각되는 이유는 그것이 우리의 죄된 본성이기 때문이다. 자신을 정직하게 보면, (크든 작든) 지도자의 위치나 권세를 얻게 되는 순간, 자비를 베풀기보다는 정죄하고 싶은 유혹에 너무나 빨리 빠지는 것을 볼 수 있다.

우리에게는 정죄할 자격이 없음을 기억해야 한다. 왜 그런가? 우리는 다른 사람의 마음을 읽을 수 없기 때문이다. 우리는 다른 사람의 동기를 정확하게 알 수 없다. 오직 하나님만이 이렇게 말씀하실 수 있다. "나는 사람의 뜻과 마음을 살피는 자인 줄 알지라 내가 너희 각 사람의 행위대로 갚아 주리라"(계 2:23). 우리는 하나님이 아니기에 다른 사람을 정죄해서는 안 된다.

우리가 종종 예수님의 명령을 쉽게 무시하는 방식 중 하나는 우리의 혀와 관련이 있다. 우리는 누군가의 명성을 해치는 말로 그 사람을 정죄한다. 어떤 그리스도인은 기도 요청이나 관심의 표현 같은 좀 더 교묘한 방식을 사용해 다른 사람을 비방하기도 한다. 우리가 걱정해서 하는 말이라고 변명하는 많은 경우가 다른 사람을 험담하는 말들이다. "혹시 그 여자분 소식 들으셨어요? 그가 어떤 사람인지 아세요? 그 사람들이 왜 그랬는지 아세요?" 바리새인의 영성(자신을 더 좋게 보이려고 다른 사람을 정죄하는)이 믿는 자들 사이에서 만연하다.

그러므로 우리는 특별히 말을 사용하는 방식을 조심해야 한다. 입으로 정죄의 말을 하는 대신 생명의 말을 할 수 있도록 성령님께 간구해야 한다. 입을 열기 전에 선교사 에이미 카마이클(Amy Carmichael)의 충고에 귀를 기울이며 이렇게 질문해 보자. '내가 하려는 말이 친절한 말인가? 진실인가? 필요한 말인가?' 성경은 이 점에 대해 분명히 말한다. 사실 잠언은 우리에게 이렇게 가르친다. "미련한 자의 입은 그의 멸망이 되고 그의 입술은 그의 영혼의 그물이 되느니라"(잠 18:7) 그러나 "마음이 신실한 자는 그런 것을 숨기느니라"(잠 11:13).

예수님은 우리 구원자이시다. 그분의 피로 우리는 모든 부주의한 말과 모든 정죄하는 말을 하는 죄에서 깨끗하게 되었다. 예수님은 당신의 자리를 차지하려는 우리 마음의 죄된 성향을 용서하는 구원자이시다. 그렇기에 우리는 날마다 입술로 짓는 죄를 회개하고 입술의 말과 마음의 묵상이 하나님 아버지 보시기에 합당한 것이 되게 하려는 새로운 열망을 갖도록 성령님께 간구해야 한다(시 19:14).

 누가복음 6장 37-45절

9월 25일
용서의 광대함

"…용서하라 그리하면 너희가 용서를 받을 것이요
주라 그리하면 너희에게 줄 것이니…"

(눅 6:37-38)

용서하지 않는 마음처럼 우리의 생각과 마음을 빨리 부패시키는 것도 없다. 그런데 그 반대도 그렇다. 진심으로 용서하는 경험만큼 우리의 마음과 생각에 자유와 기쁨과 평화를 더 빨리 가져다주는 것도 없다. 사실, 용서할 준비가 되었다는 것은 우리의 영적 상태를 시험하는 리트머스 용지다. 용서하는 마음은 우리가 실제로 지존자의 딸과 아들이라는 증거가 된다(눅 6:35).

예수님은 종종 우리가 용서받는 것과 우리가 용서하는 것을 나란히 놓으신다(참조. 눅 11:4). 따라서 용서를 실천하려면 먼저 어디서 용서를 받을 수 있는지 물어야 한다. 답은, 모든 진정한 용서의 근원은 오직 하나님 안에서만 발견된다는 것이다. 실제로 하나님의 풍성하신 자비에서 용서가 나온다.

우리 몸에 음식이 반드시 필요하듯이 우리 영혼의 생명과 건강을 위해서 용서는 필수불가결하다. 성경은 하나님이 용서하시는 분임을 말해주는 암시들로 가득하다. 시편 기자는 이렇게 말한다. "여호와여 주께서 죄악을 지켜보실진대 주여 누가 서리이까 그러나 사유하심이 주께 있음은 주를 경외하게 하심이니이다"(시 130:3-4). 이와 비슷하게 다니엘 선지자는 이렇게 말한다. "주 우리 하나님께는 긍휼과 용서하심이 있사오니"(단 9:9). 하나님의 아들이신 예수님은 침뱉음을 당하고 모욕당하며 옷이 벗겨지고 매 맞고 두 강도 사이에서 십자가에 못 박히고 고통 가운데 버림받았을 때 이렇게 외치셨다. "아버지 저들을 사하여 주옵소서"(눅 23:34). 하나님의 용서의 영은 누구와도 비길 수가 없다.

   그리스도를 믿음으로 하나님의 자녀가 된 우리는 용서를 실천함으로써 우리 아버지와 주를 따라가야 한다. 이것은 참 그리스도인의 삶에서 매우 중요하다. 그래서 예수님은 용서하고 싶지 않은 마음이 있다면 자신이 진정으로 용서받은 것인지 진지하게 질문해야 한다고 말씀하셨다. 즉 자신이 마음으로 복음을 정말로 받아들였는지 자문하라고 하셨다(참조. 마 6:14-15). 마음으로 진정으로 용서하고 싶은 생각이 들지 않을 때 이를 변명하거나 그것을 별것 아닌 일로 축소하지 말라. 대신 그 마음에 복음을 적용하라. 자신이 그리스도를 통해 받은 용서가 얼마나 큰지 깊이 생각해보라. 우리가 삶으로 따라야 할 하나님 아버지의 용서하시는 본성을 깊이 묵상하라. 용서하지 못하는 마음이 얼마나 부패하고 생명을 갉아먹는 짐인지 기억하라. 용서를 위해 무엇을 할지 그리고 누구를 용서할지 구체적으로 떠올려보라. 그렇게 할 때 우리가 용서받았듯이 용서하는 평화와 자유를 누리게 될 것이다.

 누가복음 7장 36-50절

9월 26일

티와 들보

"너는 네 눈 속에 있는 들보를 보지 못하면서 어찌하여 형제에게 말하기를
형제여 나로 네 눈 속에 있는 티를 빼게 하라 할 수 있느냐
외식하는 자여 먼저 네 눈 속에서 들보를 빼라
그 후에야 네가 밝히 보고 형제의 눈 속에 있는 티를 빼리라"

(눅 6:42)

예전에 시험을 보는데, 시험지를 펼치는 순간 첫 문제를 보고 다른 아이들도 나처럼 당황했는지 주변을 둘러본 적이 있다. 그때 선생님이 훈계하시는 소리를 듣고 깜짝 놀랐다. "다른 사람 눈치 보지 마세요. 자신에게 집중하세요!"

예수님도 오늘 본문 구절에서 비슷한 요지로 말씀하신다. 다른 사람의 죄를 지적하기 전에 자신의 죄를 먼저 해결하라고 인상적인 비유를 들어 가르치신다. 예수님이 여기서 사용한 "티"라는 단어는 아주 작은 나무 조각이나 지푸라기를 말할 때 쓰는 단어다. 반대로 "들보"라는 단어는 집이나 구조물에서 하중을 견디는 큰 기둥을 말한다. 내 눈에 들보가 있다면, 나는 분명 다른 사람 눈에 있는 티보다 내 눈의 들보에 더 많은 관심을 가져야 할 것이다.

우리는 타락한 피조물이기에 자기 자신의 문제를 보기보다는 다른 사람의 영적 상태를 다루는 것이 마치 우리의 책임인 양 생각하는 경향이 있다. 그러나 그리스도께서는 다른 사람의 티를 우선적으로 뽑아주라고 우리를 부르지 않으셨다. 예수님은 오히려 성경의 빛과 예수님이 세우신 기준으로 '우리 자신'을 부지런히 살피라고 하신다.

예수님의 가르침은 큰 도전을 준다. 우리는 때로 다른 사람의 영적 상태를 돌본다는 미명하에 다른 사람의 잘못을 지적하려고 한다. 하지만 우리가 먼

저 자신의 죄에 대해 정직하고 솔직하지 않으면 이것은 위선이다! 우리는 상대의 티를 발견해서 제거하면 내 문제는 다루지 않아도 된다는 잘못된 개념에 걸려 넘어질 때가 종종 있다. 다른 사람의 끔찍한 상황에 대해 말하는 것이 내 문제를 직면하는 것보다 훨씬 기분 좋은 법이다.

다른 사람을 돕고 싶다면 먼저 내 마음이 얼마나 심각한 상태인지 직면할 준비가 되어 있어야 한다. 로버트 머리 맥체인(Robert Murray M'Cheyne)이 말했듯이 "모든 죄악의 씨앗은 내 마음 안에 있다"[8]는 것을 인정해야 한다. 그것을 이해하고 믿을 때, 다른 사람에게 고자세로 다가가 근거 없는 추정을 하기보다는 진정한 사랑과 겸손의 자세를 취하게 될 것이다. 이 두 자세가 모든 차이를 만들어낸다.

 유다서 20-25절

9월 27일

열매로 안다

"못된 열매 맺는 좋은 나무가 없고
또 좋은 열매 맺는 못된 나무가 없느니라
나무는 각각 그 열매로 아나니…"

(눅 6:43-44)

학생들은 늘 선생님께 배운 것을 드러내게 되어 있다. 학생이 선생의 능력을 넘어설 수는 있지만 그것도 선생의 인도가 있었기에 가능한 일이다.

예수님이 나무와 그 열매에 대해 말씀하실 때 그분은 당시 영적 지도자들을 주시하고 계셨다. 예수님은 논지를 펼치시면서 한 가지 경고를 하셨는데, 잘못된 선생을 피하라는 것이었다. 그러면 어떻게 해야 좋은 선생과 나쁜 선생을 구별하는가? 예수님은 그들의 열매, 즉 그들의 가르침과 행동에 따른 결과를 보라고 말씀하셨다.

열매는 그 선생의 성품과 관련하여 생각해야 한다. 성품은 웅변이나 재능을 측정해서 알 수 있는 것이 아니다. 오히려 예수님은 포도나무와 가지에 대해 가르치시면서, 열매를 맺는 것은 그리스도를 닮는 것임을 함축하셨다(요 15:1-8). 각각의 나무는 그 열매로 알아본다. 따라서 성령의 열매("사랑과 희락과 화평과 오래 참음과 자비와 양선과 충성과 온유와 절제", 갈 5:22-23)는 훌륭한 선생의 삶에 분명히 드러날 것이다.

또한 그 선생이 가르치는 내용도 살펴야 한다. 바울은 그의 목회 제자 디모데에게 편지를 쓰면서 이 문제를 거론했다. "네가 네 자신과[즉 자신의 성품과] 가르침을 살펴…"(딤전 4:16). 성경을 들고 앞에 서있다고 해서 모두 듣는 자들의 유익을 생각하는 것은 아니다. 그리스도의 이름을 부르는 사람이라고 해서 전부 다 하나님의 말씀을 가르치는 참 선생이 아니다. 거짓 예언자가 넘쳐난다. 따라서 믿는 자로서 우리는 성경을 통해 점점 더 거룩해질 뿐 아니라 경건한 선생의 징표인 건전한 교리를 알아보는 눈을 갖추는 것이 중요하다. 더 나아가 우리 안에 성령님이 내주하시기에 우리는 안심할 수 있다. 성령님은 우리에게 모든 것을 가르치시고 진실과 거짓을 구별할 수 있게 해주신다 (참조. 요일 2:27).

선생의 성품과 그가 가르치는 내용, 그리고 그가 배우는 자들에게 끼치는 영향 사이에는 직접적인 상호연관성이 있다. 그러므로 영적 선생과 멘토를 지혜롭게 선택하라. 그들의 말솜씨나 문화적 배경, 그들의 유머감각이나 확신이 아니라, 그들의 성품과 그 가르침의 내용을 보라. 그러면 우리가 받은 가르침의 열매를 세상에 보여줄 수 있을 것이다. 사람들이 우리에게 다가올 때 무엇을 보겠는가? 판단이나 씁쓸함이나 거만함이나 자기 의를 볼 것인가? 수동성이나 확신의 결여를 느낄 것인가? 아니면 희락, 평화, 사랑, 의라는 달콤한 열매를 볼 것인가?

 디모데후서 2장 15-26절

9월 28일

진정한 믿음의 증거

"너희는 나를 불러 주여 주여 하면서도
어찌하여 내가 말하는 것을 행하지 아니하느냐
내게 나아와 내 말을 듣고 행하는 자마다
누구와 같은 것을 너희에게 보이리라 집을 짓되 깊이 파고
주추를 반석 위에 놓은 사람과 같으니…"(눅 6:46-48)

예수님은 우리의 입술과 삶을 나란히 놓고 보기를 원하신다. 그래서 주님은 산 위에서 하신 설교의 마지막을 이러한 수사적 질문으로 끝맺으신다. "너희는 나를 불러 주여 주여 하면서도 어찌하여 내가 말하는 것을 행하지 아니하느냐?" 예수님은 사람들이 말하는 것과 그들이 행동하는 것 사이에 큰 간극이 있는 것을 보셨고, 그래서 사람들에게 진지하게 영적 자기 점검을 해보라고 요청하셨다. 예수님은 지금 우리에게 원하시듯, 그들에게도 예수님을 믿는다고 고백하는 것과 예수님께 행동으로 순종하는 것이 함께 가기를 원하셨다.

선한 행위를 해야 천국에 들어간다고 예수님이 가르치셨다는 의미가 아니다. 구원은 오직 은혜로, 오직 믿음을 통해 받는 것으로서, 다른 어떤 것도 더할 필요가 없다(참조. 엡 2:8). 우리가 그리스도께 가져와야 하는 것은 용서받아야 할 죄뿐이다. 그렇다면 예수님은 무엇을 가르치신 것인가? 간단히 말해 이것이다. 예수님께 순종하는 사람만이(행위로 그들의 믿음을 보인 사람들만이) 진실로 복음을 들었고 복음으로 변화되었다.

종교개혁자들이 주목했듯이, 구원하는 것은 오직 믿음이지만 구원하는 믿음은 혼자가 아니다. 사도 요한은 그의 첫 번째 편지에서 예수님의 말씀을 들어 이렇게 말한다. "만일 우리가 하나님과 사귐이 있다 하고 어둠에 행하면

거짓말을 하고 진리를 행하지 아니함이거니와"(요일 1:6). 예수님의 말씀을 듣고 순종하는 태도는 믿음의 진짜 상태와 실재를 드러내기 때문에 영원토록 중요하다고 성경은 분명히 말한다.

아무리 눈에 보이는 종교적인 일들을 하고 아무리 종교적인 단어를 많이 사용해도 하나님 앞에서 우리가 사적으로 하는 행동을 가릴 수는 없다. 주님의 이름을 부르는 사람들이 진짜인지 시험해보려면(이 냉혹한 요구를 한순간도 피하지 말자), 그들이 '불의에서 떠났는지'를 보면 된다(딤후 2:19). 바로 그 안에 진짜 믿음의 증거가 있다.

우리 중 누구도 완벽한 삶을 살지는 못하지만, 적어도 변화된 삶을 살도록 부름받았다. 우리는 그리스도를 주로 모시며 살아간다. 이제 그분의 영이 우리 안에 계신다. 우리는 완벽한 성공을 거둘 것인가? 아니다. 하지만 우리는 달라질 것이고 우리의 삶은 점점 더 "우상을 버리고 하나님께로 돌아와서 살아 계시고 참되신 하나님을 섬기는"(살전 1:9) 모습을 보여줄 것이다. 그러니 자신의 삶을 돌아보라. 당신은 예수님을 주님이라 부르는가? 좋다! 하지만 결정적으로 당신의 삶에서(당신이 하지 않는 일과 하는 일 속에서, 당신이 씨름하는 유혹과 추구하는 미덕들, 그리고 당신이 회개하며 구하는 용서 속에서) 그분이 진정으로 당신의 주님이시라는 증거를 내밀 수 있는가?

 야고보서 2장 14-26절

9월 29일
긍휼이 많으신 우리 목자

"주께서 과부를 보시고 불쌍히 여기사 울지 말라 하시고
가까이 가서 그 관에 손을 대시니 멘 자들이 서는지라
예수께서 이르시되 청년아 내가 네게 말하노니 일어나라 하시매"

(눅 7:13-14)

하나님 나라의 도래는 세상 권세자들과 통치자들에 대한 장엄하고 극적인 승리가 아닌 더욱 혁신적인 것, 즉 그 나라의 왕의 위대한 긍휼하심을 통해 선포되었다.

복음서 기자들은 예수님을 설명하면서 그분이 비교 불가할 정도로 긍휼이 많으신 분임을 보여준다. 이런 일련의 사건들 속에서 그리스도의 능력은 그분의 자비를 통해 드러난다. 예를 들어 누가복음 7장에서 누가는 예수님이 슬픔에 빠진 과부에게 긍휼을 베푸시는 모습을 강조한다. 이 모습은 그분의 위대함에 대한 어떤 의심도 깨끗이 씻어준다.

누가가 들려주는 이 이야기에서 과부는 절박한 상황에 놓여있다. 남편은 이미 죽었고 이제는 아들마저 죽었다. 곧 고대 중동 사회에서 어떤 보호나 공급을 받을 수 없게 되었다는 의미다. 그녀는 대가 끊겼기 때문에 슬프고 외롭고 위태로운 상황에 놓이게 되었다.

하지만 그때 예수님은 이 여인의 극단적인 삶 속으로 들어가셨고 그 여인을 보고 불쌍히 여기시며 "울지 말라"고 말씀하셨다.

우리의 다정한 목자는 이 슬퍼하는 여인을 보신 것만으로도 긍휼의 마음을 품으셨다. "불쌍히 여기사"라는 말을 문자 그대로 하면, '창자가 움직이다'라는 뜻이다. 즉 '창자가 끊어질 듯 아프다'는 표현과 같다. 만물이 그분을 통해

그리고 그분을 위해 창조되었기에, 예수님은 이 망가진 세상에서 슬픔과 눈물을 보고 그것을 '느끼신다.' 깊이 공감하시는 왕이 여기 계신다.

더 아름다운 것은 예수님께는 이 과부의 필요를 채워줄 능력이 있다는 것이다. 그래서 예수님은 오직 그분만이 하실 수 있는 일, 즉 죽은 자를 살리는 일을 행하기로 하셨다. 예수님은 슬피 우는 엄마에게 죽은 아들을 살려주심으로 그녀의 필요를 채우셨다. 그러나 예수님은 그녀의 슬픔을 없애기만 하신 것이 아니다. 더 중요한 것은 예수님이 군중 앞에서(그리고 우리 앞에서!) 당신의 능력과 온유함과 권위(즉 죽음을 다스리는 권세)를 드러내셨다는 사실이다.

이러한 장면들은 예수님이 인류의 큰 적인 질병과 죽음에 대해 단순히 말만 하거나 슬퍼하기만 하는 분이 아님을 보여준다. 그분은 그것들을 이기셨다. 예수님은 슬퍼하는 자들의 울음소리를 들으시고 믿는 모든 이들의 구원의 도구로 자신을 드리셔서, 이 세상에서 그들이 잠시 위로받는 것이 아니라 궁극적이고 완벽하고 영원한 방식으로 위로받게 하셨다.

우리의 왕은 그저 능력만 무한히 많으신 것이 아니다. 그분은 긍휼이 무한히 많으시다. 그리고 그분의 이 두 자질이 조화를 이루어 우리를 모든 슬픔과 눈물에서 건져내기에 충분하시다. 우리가 그분의 임재 안에 서고 그분이 우리의 눈에서 모든 눈물을 씻어줄 때까지 말이다.

 누가복음 7장 1-17절

9월 30일
한 마음, 한 목적, 한 영

"마음을 같이하여 같은 사랑을 가지고 뜻을 합하며 한마음을 품어
아무 일에든지 다툼이나 허영으로 하지 말고
오직 겸손한 마음으로 각각 자기보다 남을 낫게 여기고"

(빌 2:2-3)

교회 구성원들이 사역에 앞장서는 것은 유익한 일이다. 그러나 건강한 교회는 개인의 생각이나 정책에 끌려다녀서는 안 된다. 교회가 진정으로 머리 되신 그리스도의 인도를 따르려면 먼저 우리 마음이 복음 안에서 하나 되어야 한다. 이러한 연합 없이는 각자의 이기적이고 경쟁적인 욕구와 정책들에 끌려다니게 될 것이다.

성경은 우리의 마음에 대해 많은 것을 말한다. 마음이 생각하는 대로 우리 모습이 결정되기 때문이다. 바르게 생각하도록 마음을 훈련할 때 우리는 바르게 사랑하며 한 영과 한 목적으로 함께 섬기는 법을 배우게 된다. 이러한 정신적 싸움의 일부는 우리의 오래된 이기적이고 인간적인 본성에 근거를 둔다. 우리의 가장 큰 걸림돌 중 하나는 자기 사랑에 버금가는 미움이다. 우리는 본능적으로 거만한 태도를 취하는데, 이는 우리 주님의 성품과 완전하게 반대된다. 이러한 겸손의 부족이 주변 사람들과의 조화를 경험하지 못하게 막는 걸림돌이 된다. 심지어 우리의 선한 행위에도 왜곡된 동기가 숨어 있을 수 있다.

그리스도 안에서 하나가 되려면 자신의 방법을 고집해서는 안 된다. 오히려 "자기보다 남을 낫게" 여겨야 한다. 이것은 자신을 생각하기 전에 다른 사람에게 가장 좋은 것이 무엇인지를 먼저 생각한다는 의미다. 자신의 편리보

다는 다른 사람의 편리를 먼저 생각하는 것이다. 냉담하게 서있기보다는 다른 사람의 삶과 고뇌 속으로 들어가고자 하는 것이다. 진정한 겸손은 앞좌석을 차지하거나 항상 '나'로 시작하지 않는다. 오히려 "하나님께서 일하시도록 자리를 내드리고 나는 무(無)가 되는 것이다."**9** 바울은 예수님이 직접 보여주신 자질을 이렇게 설명한다. "우리 각 사람이 이웃을 기쁘게 하되 선을 이루고 덕을 세우도록 할지니라 그리스도께서도 자기를 기쁘게 하지 아니하셨나니…"(롬 15:2-3).

우리가 자신을 먼저 생각하면 하나님 말씀을 실천하기가 어렵다(사실 불가능하다). 하지만 다른 사람을 먼저 앞세우는 법을 배우면 우리 자신의 관심보다 그들의 관심을 돌볼 준비가 훨씬 더 잘 될 것이다. 그렇게 하면서 우리는 진심으로 그리스도의 몸에 연합할 수 있다. 아마도 우리 각자는 이런 거룩한 겸손을 보여준 사람들을 알고 있을 것이다. 그들을 주신 하나님을 찬양하고, 어떻게 그들의 본을 따를지, 그리고 그 누구보다도 그리스도의 본을 어떻게 따를지 구하며 기도하라. 그분은 자신의 안위보다(심지어 그분 자신의 생명보다) 우리의 필요를 더 중요하게 여기셨다. 바울이 우리 각자에게 도전하는 바는 이것이다. "너희 안에 이 마음을 품으라 곧 그리스도 예수의 마음이니"(빌 2:5).

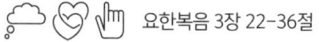 요한복음 3장 22-36절

" 9월 한 달간 말씀과 동행한 기록을 남겨주세요. "

October

10월

10월 1일
몸과 영혼

"내가 입을 열지 아니할 때에 종일 신음하므로 내 뼈가 쇠하였도다
주의 손이 주야로 나를 누르시오니
내 진액이 빠져서 여름 가뭄에 마름 같이 되었나이다"

(시 32:3-4)

심리학, 정신의학, 사회복지 분야에서 일하는 사람들은 한 사람의 마음과 생각에서 일어나는 일, 그리고 그 사람의 몸으로 드러나는 증상이 강하게 연결되어 있다는 사실을 종종 확인한다. 하나님의 말씀도 우리의 마음과 몸이 연결되어 있다고 말하지만, 그보다 더 깊이 들어간다. 하나님은 우리 몸의 상태와 '영혼'의 상태가 연결되어 있다고 말씀하신다.

시편 32편에서 다윗은 자신이 밧세바를 범하고 그녀의 남편 우리아를 죽인 죄를 하나님께 고백하지 않은 채 어둠에 숨어 있었을 때 그 경험이 얼마나 무거웠는지 말한다(참조. 삼하 11장). 그리고 성령님은 이러한 다윗의 예를 통해, 회개하지 않을 때 느끼는 양심의 가책과 육체적 건강이 얼마나 밀접한 연관이 있는지 우리에게 가르치신다. 다윗과 가까이 지내던 사람들은 다윗의 내면에서 영적으로 일어나는 일까지는 몰랐겠지만, 육체적으로 드러나는 현상이 무엇을 가리키는지 모를 수 없었을 것이다.

다윗은 다른 곳에서도 이렇게 말한다. "내 심장이 뛰고 내 기력이 쇠하여 내 눈의 빛도 나를 떠났나이다 내가 사랑하는 자와 내 친구들이 내 상처를 멀리하고 내 친척들도 멀리 섰나이다"(시 38:10-11). 정말 절망스러운 광경이다.

다윗은 자신의 상태가 무엇을 의미하는지, 즉 그것이 심판이라는 것을 잘 알았다. 음욕과 무절제와 하나님의 명령을 무시하는 데에는 자연적인 결과가

따른다고 성경은 분명히 말한다(롬 1:24-25). 이것이 모두 다윗에게 해당되는 죄였다. 하나님께 죄를 숨기고 스스로도 죄를 인정하지 않으려는 사람들은 종종 쇠약해지고 몸무게가 줄며, 잠을 못 자고 거부당하는 느낌을 갖고 우울해하며, 근심하고 절망하는 증상을 겪는다.

다윗의 회복에 필요한 것은 일찍 일어나고 일찍 자는 게 아니었다. 근본적인 원인인 그의 죄를 다루는 게 필요했다. "내가 이르기를 내 허물을 여호와께 자복하리라 하고… 곧 주께서 내 죄악을 사하셨나이다"(시 32:5). 하나님은 다윗이 그의 죄를 하나님 손에 내려놓고 하나님께서 다뤄주시기를 구할 때까지 그를 내리누르셨다. 하나님이 우리에게 죄를 잊지 못하게 하실 때 그것은 복이다. 영적 질병으로 인해 육체적으로 징후가 나타나는 것은 복이다. 그것은 우리에게 가장 필요한 일을 하게 하시려는 하나님의 방법이다. 즉 죄를 고백하고 용서를 구하게 하시려는 것이다.

죄가 생각나는가? 숨기지 말고 고백하라. 다윗은 하나님께 용서를 구하면서 고통과 고뇌에서 자유로워지는 안식을 경험했다. 우리도 그런 기쁨을 경험할 수 있다. 하나님께서 그렇게 약속하셨기 때문이다. "만일 우리가 우리 죄를 자백하면 그는 미쁘시고 의로우사 우리 죄를 사하시며 우리를 모든 불의에서 깨끗하게 하실 것이요"(요일 1:9).

 시편 51편

10월 2일
회복의 약속

"그 뜻의 비밀을 우리에게 알리신 것이요
그의 기뻐하심을 따라 그리스도 안에서 때가 찬
경륜을 위하여 예정하신 것이니
하늘에 있는 것이나 땅에 있는 것이
다 그리스도 안에서 통일되게 하려 하심이라"(엡 1:9-10)

J. R. R. 톨킨(J.R.R. Tolkien)은 『동화에 대해서』(On Fairy Stories)라는 에세이에서 사람들이 왜 동화에 끌리는지 그 이유를 말한다. 동화는 우리가 매일 접하는 뉴스와 감정적으로 가장 반대편에 있는 경우가 많다. 전쟁, 금융 변동성, 팬데믹, 가슴 아픈 소식들 대신, 인간 마음속의 염원을 투영한 행복한 결말을 제공한다. 톨킨은 이러한 염원의 근간에는 그리스도께서 세상을 바로잡기 위해(모든 것을 통합하고 모든 것을 회복하여 세상을 아담이 반역하기 이전의 절대적으로 완벽하게 아름다운 상태로 만들기 위해) 당한 고통이 있다고 말한다. 당신은 하나님이 이 모든 것을 고치시길 염원하지 않는가? 행복한 결말을 고대하지 않는가?

성경과 우리의 삶을 통틀어 볼 때, 우리가 아직 거기에 도달하지 못했음을 상기시켜 주는 것들이 있다. 우리는 소외, 절망, 붕괴로 가득한 타락한 세상에서 산다. 첫 번째 아담이 죄를 지었고 죽음과 혼동이 뒤따라왔다. 하지만 두 번째 아담께서는 첫 번째 아담이 한 일을 해결할 뿐 아니라 아무도 할 수 없던 일을 성취하기 위해 오셨다. 하나님은 모든 것을 고치실 것이다. 사실 하나님은 이미 시작하셨다.

바울이 1세기 교회들에게 쓴 편지를 보면, 그가 당시 사람들이 당하던 고난을 잘 알고 있었고 그것을 절대 경시하지 않았던 것을 알 수 있다. 하지만 바울은 또한 독자들에게 "고통이 그치고 슬픔이 사라지는" 날, 그리고 우리의 모든 염원이 이뤄지는 날이 있을 거라고 상기시켰다.[10] 바울은 현재 당하는 어려움을 이겨내기 위해 궁극적인 것에 시선을 집중하라고 그들을 격려했다.

그때 그들에게 필요했던 것이 지금 우리에게도 필요하다. 우리가 지금 당장 눈앞에 보이는 것에만 시선을 고정하고, 회복하시겠다는 하나님의 약속을 무시하며 그것을 비전으로 품지 않으면 지금 당면한 문제들을 풀 수 없다. 그 문제들은 점점 커질 것이다. 그리고 그 문제들이 우리를 점령해버릴 것이다. 그 문제들 때문에 소망과 행복이 사라질 것이다. 그 문제가 전 지구적인 문제든, 국내 문제든, 개인적인 문제든, 최고의 전략은 우리의 시선을 하나님의 계획을 알려주는 하나님의 말씀에 두는 것이다. 그러면 행복한 결말이 있을 것이다. 완벽하신 왕의 통치하에 모든 것이 통합되는 시간이 올 것이다.

오늘 자신을 괴롭히는 문제가 무엇인가? 시간의 통제를 받는 그 문제를 영원의 관점으로 바라보고 성령님의 도우심을 받으라. 그러면 하나님의 완벽한 계획 속에서 우리는 안전하다는 것을 깨달을 것이다. 아직은 이 세상의 이야기를 속속들이 다 알지는 못하지만, 그리스도를 믿는 자들에게 마지막 장면은 행복한 결말이고 그것은 결코 동화가 아니라는 사실을 알게 될 것이다.

 이사야서 65장 17-25절

10월 3일
하나님의 말씀에 전념하기

"우리는 오로지 기도하는 일과
말씀 사역에 힘쓰리라 하니
온 무리가 이 말을 기뻐하여…"

(행 6:4-5)

성령 충만을 경험한 오순절 사건과 그에 따른 사역은 너무나 특별했지만, 사도들과 제자들은 다음과 같이 말하지 않았다. "자, 이제 하나님의 영이 가르치시니 다른 사람의 말은 들을 필요가 없어." 오히려 그들은 성령 충만했을 때 하나님의 말씀에 대한 권위적인 설교와 가르침에 온통 귀를 기울였다. 여기서 우리는 중요한 교훈을 얻는다. 바로 하나님의 영은 하나님의 사람들을 하나님 말씀에 헌신하도록 이끈다는 것이다.

이런 이유로 사도행전은 설교의 중요성으로 가득 차 있다. 하나님이 당신의 백성이 그 아들의 형상을 닮게 하기 위해 가장 중요하게 사용하는 도구가 과거에도 현재에도 하나님의 말씀이라는 것을 사도들은 잘 알았다. 하나님의 영도 하나님의 말씀을 통해 역사하신다. 사도행전 6장에서는 가르치는 자로 부름받아 준비를 마친 사람들에게 사도들이 알려주는 우선순위를 볼 수 있다. 사도들은 부름받은 종들에게 무엇보다 중요한 것이 하나님의 말씀으로 사람들을 가르치는 것임을 잘 알고 있었다.

구약은 선지자들의 '신탁'(oracles)을 말한다. 이 단어는 '짐'(burden)으로도 번역될 수 있다(예를 들어 KJV 성경은 이사야서 13장 1절에서 이 단어를 "짐"으로 번역한다). 이는 하나님의 진리를 사람들에게 전해야 하는 막중한 책임감에서 나오는 마음의 무게를 표현한 것이다. 19세기에 활동한 찰스 스펄전(C. H. Spurgeon) 목사는 영국 왕의 왕좌보다 자신의 강대상이 더 영향력이 있다고 선포하면서 이 무게를 인정했다. 그가 전하는 메시지는 하나님의 왕좌로부터 받은 것이기 때문이다.

우리는 성경의 진리를 가르치도록 부름받은 사람들(회중을 대상으로 하든, 어린 아이들을 대상으로 하든, 아니면 다른 어떤 맥락에서든)을 보호하고 그들을 위해 기도해야 한다. 거룩하신 하나님과 그의 백성 사이에 정기적으로 서서 하나님의 말씀을 선포하는 일은 절대 작은 일이 아니다. 놀라운 특권이면서 동시에 무거운 짐이다.

교사들과 설교자들을 위해 기도하는 것과 더불어, 겸손히 앉아서 하나님 말씀의 권위 있는 가르침을 배우고자 해야 한다. 이러한 헌신의 예는 초대교회 성도들이 사도들의 가르침 앞에서 보여주었던 헌신에서 찾아볼 수 있다(행 2:42). 오늘날에도 같은 헌신이 있어야 한다. 우리는 사도들에게 계시된 신약의 진리와 구약 교리의 기초 위에 세워진 가르침에 전념해야 한다. 다 아는 내용을 다루는 TV 프로그램을 보거나, 현실 세계를 도피하게 하는 책과 비디오 게임에 몰두하면서 시간을 낭비해서는 안 된다. 그 대신 하나님의 말씀을 즐거워해야 한다. 하나님의 말씀이 우리의 영적 음식이 되면, 날마다 하나님의 영이 우리를 더 깊은 진리와 그 안에 있는 기쁨으로 이끈다는 것을 알게 될 것이다.

 시편 119편 81-96절

10월 4일
흔들리는 반석

"그들이 조반 먹은 후에 예수께서 시몬 베드로에게 이르시되
요한의 아들 시몬아 네가 이 사람들보다 나를 더 사랑하느냐 하시니
이르되 주님 그러하나이다 내가 주님을 사랑하는 줄 주님께서 아시나이다
이르시되 내 어린 양을 먹이라 하시고"

(요 21:15)

요한복음 21장에서 예수님이 나타나신 것은 부활하신 이후이자, 십자가 사건과 일련의 모든 일(베드로가 그리스도를 부인했던 일도 포함해)이 있고 난 후였다. 그러니 베드로는 충성심과 믿음을 보이지 못해 부끄러워했을 것이다. 그는 제자들에게 이렇게 털어놓았을지 모른다. "내가 그분을 배신했어. 그분이 영웅이 되실 거라고 생각했으면서 가장 비겁한 겁쟁이가 되어 그분을 부인했지." 예수님이 베드로에게 말을 거셨을 때 그는 이렇게 생각했을지 모른다. '예수님이 뭐라고 하실까? 이제 그분의 제자로서 내가 할 역할이 있을까?'

예수님은 베드로의 실패를 없던 일로 여기지 않으셨다. 그분은 그것을 인정하셨다. 예수님은 식사를 마치신 후 베드로를 그의 옛 이름인 시몬('들으라'는 뜻)이라고 부르셨다. 예수님은 사역을 시작하시면서 시몬의 이름을 '반석'이라는 의미의 베드로로 바꿔주셨다(요 1:42). 이 변화는 시몬 베드로의 인격과 소명 안에서 일어나게 될 변화를 상징했다. 흔들리는 존재였던 그가 반석처럼 견고한 사람이 되리라는 상징이었다. 그러나 그날 그 해변에서, 예수님은 베드로에게 그가 흔들리는 존재였음을 상기시키셨다. 베드로가 흔들림 없는 견고한 사람이 되기 전에, 그는 자신의 행동이 그리스도의 사랑에 뿌리를 둔 확고한 믿음이나 담대함을 전혀 보여주지 못했다는 것을 알아야 했다.

베드로처럼 우리도 때로는 실패와 후퇴와 불신으로 곁길로 벗어난 느낌을

받거나 어긋난 믿음으로 고통을 느끼기도 한다. 이때 위대한 의사가 손을 내밀어 우리의 사랑을 다시 제자리에 놓아주는 일이 필요하다. 이 작업은 고통스럽지만 언제나 회복을 가져온다. 예수님의 관심은 베드로의 마음, 즉 그의 사랑과 헌신이었음에 주목하라. 다른 자질들도 필요하지만, 절대 없어서는 안 되는 것이 바로 그리스도를 향한 우리의 사랑이다. 지금 '우리의' 사랑은 어디에 있는가? 흔들리는 모래 위인가, 아니면 흔들림 없는 반석 위인가?

그리스도께서는 우리의 사랑을 재정렬해 주시면서 하나님 나라의 일을 맡기신다. 예수님은 여전히 베드로를 통해 그분의 교회를 세우고자 하셨다. 예수님이 제자 중 자신을 가장 실망시켰고 신앙고백과 행동 사이에 가장 큰 간격이 있던 제자(유다를 제외하고)에게 자신의 '양들'을 맡기셨다는 것은 얼마나 놀라운 일인가! 하지만 예수님이 그렇게 하신 것이 우리에게는 얼마나 격려가 되는가! 예수님이 베드로 같은 사람도 사용하신다면 우리 같은 사람도 기꺼이 사용하실 것이다. 예수님은 여전히 베드로에게 막중한 책임을 맡기셨지만, 그 책임은 또한 베드로를 시험하기 위한 것이기도 했다. 예수님을 향한 사랑은 삶에서 순종과 행동을 보여주는가로 증명된다. 사도행전은 베드로가 어떻게 하나님의 영의 능력을 힘입어 그 시험에 응했는지 보여준다. 흔들리는 반석인 베드로 이야기는 은혜의 하나님이시며 다시 기회를 주시는 하나님을 우리에게 알려준다. 우리는 연약함을 통해 우리의 힘이 아닌 우리의 큰 반석이 되시는 분 안에서 힘을 찾아야 함을 알게 된다. 우리를 위해 죽으신 구세주로부터 힘을 얻고 그 힘으로 그분을 섬길 수 있음을 알게 된다면, 우리는 매일의 삶 속에서 사랑으로 그분이 명령하신 것을 행할 수 있다.

 사도행전 5장 17-42절

10월 5일
성령 충만한 담대함

"만일 네가 내려가기를 두려워하거든
네 부하 부라와 함께 그 진영으로 내려가서 그들이 하는 말을 들으라
그 후에 네 손이 강하여져서 그 진영으로 내려가리라 하시니…"

(삿 7:10-11)

믿음으로 앞으로 나아가기보다 두려워하며 망설이는 것이 늘 더 쉽다. 더 쉽지만 결코 더 좋지는 않다. 기드온은 두려움과 그로 인한 망설임을 잘 알았다. 그는 하나님의 천사가 이스라엘을 이끌라고 불렀을 때 망설였다(삿 6:13, 15). 이스라엘의 대적이 그를 대적하려고 모였을 때도 머뭇거렸으며(36-40절), 하나님이 승리를 약속하신 전투의 전날 밤에도 망설였다(삿 7:9-10). 그러자 하나님은 "만일 네가… 두려워하거든…"이라고 말씀하시며 그의 태도를 참으시고 종을 함께 데리고 가라고 격려하신다. 하나님은 기드온의 두려움을 아주 조심스럽게 다루신다. 인간적으로 충분히 두려울 만하다고 인정하시는 듯하다! 기드온은 그의 군사보다 수십만 명 더 많은 대적과 싸우러 가야 했다. 하나님은 기드온의 두려움을 나무라지 않으셨다. 오히려 그가 확신할 수 있는 이유를 주셨다. 기드온처럼 우리도 주님으로부터 그런 말을 들어야 한다. 우리는 그분께 우리의 모든 걱정을 맡길 수 있다는 사실을 잘 기억하지 못한다(벧전 5:7). 우리는 모든 짐과 두려움을 그분 발 앞에 내려놓을 수 있다. 그분께 나아가 무엇을 해야 할지 모르겠다고 말씀드릴 수 있다. 그러면 그분은 우리를 은혜로 맞으시고 조심스럽게 다뤄가신다.

이 이야기를 더 아름답게 만드는 것은, 이러한 하나님의 온유한 제안에 대한 기드온의 반응이다. 기드온은 적의 진영에 몰래 잠입해 들어갔다가 두 사

람이 나누는 꿈 이야기를 듣는다. 한 병사가 꿈을 해몽하며 "하나님이 미디안과 그 모든 진영을 그의 손에 넘겨" 주셨기 때문에 자신들이 "기드온의 칼"에 넘어질 것이라고 말한다(삿 7:14). 하나님이 실제로 앞서 가셔서 그가 혼자서는 할 수 없었을 불가능한 일을 하신 것을 듣고 기드온은 무엇을 했는가? 그는 "경배"했다(15절). 그 반응 안에는 엄청나게 많은 의미가 담겨있다. 불가능한 역경에 직면했지만 하나님의 약속을 확신하게 된, 이 두려움 많고 연약하며 부족한 지도자는 그의 마음을 다해 하나님을 경배했고, 그런 후 하나님이 주신 용기를 내어 군대를 결집시켰다. 그의 담대함은 그와 하나님 사이의 사적이고 비밀스러운 순간에서 나왔다.

타고난 성격으로 사람들을 조종하려고 계획을 세우는 것과, 진정성을 가진 성령 충만한 담대함은 다르다. 하나는 순전히 사람의 계획으로 나오는 것이기에 무너지기 쉽다. 다른 하나는 하나님 앞에 스스로를 낮추고 자신이 부적합하다는 것을 인정하며 하나님의 충분하심을 기억할 때 보일 수 있는 모습이다. 이 모습이 바로 우리의 모습이 되어야 한다. 두려움을 없애는 해독제는 많은 사람이 주장하듯이 자신을 더 높이 생각하는 것이 아니다. 하나님을 더 높이 생각하는 것이다. 하나님이 하실 수 있음을 신뢰하는 것이다. 그럴 때 비교에서 오던 두려움을 넘어 거룩하고 겸손한 담대함을 가질 수 있다.

지금 무엇을 두려워하는가? 하나님이 순종하여 앞으로 나아가라고 하시는데도 물러서고 싶은 유혹을 받는가? 자신의 두려움을 하나님께로 가져오라. 당신이 할 수 없는 것을 행하시는 그분의 능력을 보여달라고 간구하라. 그리고 그분을 신뢰하고 경배하고 순종하라.

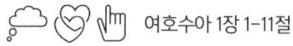 여호수아 1장 1-11절

10월 6일

성경에 관한 교리

"또 어려서부터 성경을 알았나니 성경은 능히 너로 하여금
그리스도 예수 안에 있는 믿음으로 말미암아 구원에 이르는 지혜가 있게 하느니라
모든 성경은 하나님의 감동으로 된 것으로 교훈과 책망과 바르게 함과
의로 교육하기에 유익하니 이는 하나님의 사람으로 온전하게 하며
모든 선한 일을 행할 능력을 갖추게 하려 함이라"(딤후 3:15-17)

성경의 권위와 충분성과 확실성과 무오함은 계속되는 하나님의 역사와 그분의 교회를 떠받치는 근간이 되는 교리들이다. 성경이 하나님으로부터 온 것임을 확신하지 못하면, 방황하며 고통받는 세상에 복음을 전할 수 없다. 라일(J. C. Ryle)은 이렇게 썼다. "그리스도인의 교리와 실천의 근간으로서 하나님의 책인 성경으로 돌아가지 않는다면 그리스도인들은 현재적 평화나 희망을 위한 견고한 기반을 가질 수 없고 세상을 향해 주목하라고 외칠 권리를 잃는다."[11]

바울이 디모데에게 "모든 성경은 하나님의 감동으로 된 것"이라고 상기시켰을 때, 바로 이것을 말한 것이다. 다른 말로 하면, 성경은 신성을 불어넣은 인간의 작품이 아니다. 성경은 인간을 도구로 하여 만들어진 하나님의 선물이다. 성경의 모든 책, 모든 장, 모든 문장, 모든 문구는 본래 하나님의 감동으로 된 것이다.

많은 다른 기독교 교리들과 마찬가지로 성경에 관한 교리도 붙들고 씨름하기 어려울 수 있다. 하지만 이해하기 힘든 것이라고 해서 그 진실성이 훼손되지는 않는다. 게다가 성경에 관한 교리에는 객관적으로 고려할 수 있는 사항들이 '실제로' 있다. 예를 들어, 성경은 완전히 조화롭게 구성된 작품임을 쉽게 알 수 있다. 성경은 약 1,500년에 걸쳐 30명이 넘는 저자에 의해 쓰였지만,

모든 저자가 이 세상과 이 세상을 창조하신 분의 성품, 그리고 인간 마음의 문제에 대해 같은 설명을 하고 있다. 또한 하나님의 어린양의 희생을 통해 주어진 놀라운 구원의 길에 대해서도 같은 말을 한다. 창세기부터 계시록까지 일관되게 말이다!

성경은 또한 시간, 문화, 성, 지적 능력을 초월한다. 특정한 사람, 특정한 시대 혹은 특정한 장소에 맞는 책은 있겠지만, 성경처럼 매일, 모든 시대에 도전을 주고, 우리 삶이 직면하는 질문에 완벽하게 대응하는 책은 없다. 아무리 현명한 지성이라도 하나님 말씀의 풍성함을 다 알 수는 없지만, 동시에 어른이든 청소년이든 누구나 성경을 읽을 수 있고 그들의 삶을 변화시키는 성경의 진리를 발견할 수 있다.

성경의 권위와 충분함과 확실성과 무오성은 우리가 서있어야 할 기반이다. 그리고 그렇게 하기 위해서는 하나님의 도움이 있어야 한다. 하나님의 말씀에 영감을 주신, 한 하나님이신 성령님이 하나님의 말씀을 비추고, 그것이 '정말' 하나님의 말씀임을 우리에게 확신시켜 주신다. 하나님의 영이 우리에게 부어졌기에 우리는 예수님이 육신이 되신 말씀이라고 믿을 수 있다. 성령님이 우리 안에서 이렇게 일하셔야, 우리는 성경이 하나님이 쓰신 것임을 확신하며, 교리를 그저 지적으로 동의하는 데 그치는 것이 아니라 성경의 저자이자 주제이신 그분을 더욱 갈망하게 된다.

 시편 12편

10월 7일
구별된 삶

"다니엘은 마음이 민첩하여 총리들과 고관들 위에 뛰어나므로
왕이 그를 세워 전국을 다스리게 하고자 한지라
이에 총리들과 고관들이 국사에 대하여 다니엘을 고발할 근거를 찾고자 하였으나
아무 근거, 아무 허물도 찾지 못하였으니
이는 그가 충성되어 아무 그릇됨도 없고 아무 허물도 없음이었더라"(단 6:3-4)

다니엘은 포로가 되어 바벨론으로 잡혀간 후, 느브갓네살왕의 법정에 차출된 전도유망한 젊은 이스라엘 남자 중 하나였다. 그는 가족과 익숙하던 모든 것으로부터 멀리 떨어져 바벨론식 이름으로 불렸지만, 그렇기에 더욱 왕의 음식과 음료로 자신을 더럽히지 않겠다고 결심했다(단 1:12-16). 도덕적으로 타락한 시대 속에서 그는 강직한 삶을 살았다.

다니엘은 자신이 일하던 정부의 체계 안에서 완전히 다른 삶을 살아냄으로써 스스로를 구별했다. 세월이 지날수록 그의 충성심은 분명하게 증명되었다. 그는 무척 일관된 사람으로서 왕조가 바뀌어도 그의 일관성은 흔들리지 않았다. 그에게는 어려움을 직면하고 극복하는 남다른 능력이 있었을 뿐 아니라 하나님이 주신 지혜 덕분에 인류 역사의 궤도를 바꿀 조언도 할 수 있었다. 다니엘의 지위는 그를 부패하게 만들기에 충분했지만 그는 모든 불의를 거부하고 구별된 삶을 살았다. 그는 게으르거나 부도덕하지 않았고, 공적인 활동과 사적인 삶에서 차이가 없었다. 동료들의 눈에 그는 흠잡을 데가 없었다. 그의 유별남 때문에 그를 멸시하고 질투하던 동료들마저도 그에게서 험담거리를 찾을 수가 없었다.

질투심 가득한 동료 관원들은 결국 그를 없애려는 음모를 꾸미기로 했다. 그들은 다니엘이 자신이 섬기는 하나님께 흔들림 없이 헌신하는 모습이나,

그가 권세 있는 자리를 차지했다는 것이 싫었을 것이다. 그들은 다니엘이 평생에 걸쳐 하나님의 능력과 정결함에서 흔들림 없는 확신을 보여준 삶의 방식을 감당할 수 없었다. 거룩한 삶은 종종 이러한 거부감을 유발한다. 다니엘이 이런 누명을 쓴 것이 그가 나쁜 사람이어서가 아니라 진리의 편에 섰기 때문이었다. 그는 하나님이 사랑하시는 것을 사랑했고 그것을 삶으로 살아냈다.

우리의 삶에도 이와 비슷한 확신이 드러나는가? 우리의 행동은 하나님에 대한 진리를 선포하는가? 정직하고자 하는 열정을 부지런히 길러낼 준비가 되었는가? 다른 사람이 어떻게 생각하느냐보다 하나님께 순종하는 것에 더 관심이 있는가? 예수님은 제자들에게 그들이 하나님 아버지를 드러내고 높이는 삶을 산다면 예수님 때문에 욕을 듣고 박해를 받게 될 거라고 경고하셨다(마 5:11, 14-16). 다니엘이 가졌던 헌신으로 살아가라. 힘을 다해 하나님이 사랑하시는 것을 사랑하고 그것을 삶으로 살아내라.

 베드로전서 2장 9-17절

10월 8일
마찰을 이겨내기

"그러므로 주 안에서 갇힌 내가 너희를 권하노니
너희가 부르심을 받은 일에 합당하게 행하여 모든 겸손과 온유로 하고
오래 참음으로 사랑 가운데서 서로 용납하고
평안의 매는 줄로 성령이 하나 되게 하신 것을 힘써 지키라"

(엡 4:1-3)

두 개 혹은 그 이상의 물건을 서로 문지르면 마찰로 인한 열이 난다. 이와 비슷하게 죄인들이 여럿이 모이면(심지어 교회에서도 그렇다. 교회는 더 이상 죄가 통치하지 않지만 그래도 죄가 여전히 남아있다) 마찰이 일어난다. 이것 때문에 놀라서는 안 된다. 우리는 아름답게 서로 딱 들어맞는 벽돌로 완벽하게 창조되지 않았다. 우리는 엉성하고 불완전한 사람들이다. 하지만 그렇다고 이러한 마찰 때문에 우리의 궁극적인 초점에서 벗어나서는 안 된다.

마찰은 무시한다고 없어지지 않는다. 오히려 그리스도께 집중하고, 그리스도께서 몸된 교회를 위해 가치 있다고 여기시는 것을 우리도 가치 있다고 여길 때, 즉 서로 친절히 하고 서로의 짐을 대신 지고 서로 격려하고 기도하고 베풀 때 마찰은 극복된다. 이런 가치들을 붙들면 "그리스도의 몸이 **나를** 위해 무엇을 해줄 수 있나?"를 묻지 않고 "**내가** 그리스도의 몸을 위해 무엇을 할 수 있나?"를 묻게 된다. 이런 관점으로 일할 때에만 자기 비하나 적대감, 염려가 녹아내리기 시작할 것이다.

마찰은 일어날 수 있지만, 그렇다고 방치해서는 안 된다. 우리는 믿는 자들로서 겸손하고 회개하는 심령을 가졌다는 증거를 보여주어야 한다. 그렇지 못할 때는 교회의 다른 사람들이 우리를 도울 수 있어야 한다. 필요하다면 사랑의 마음을 담아 징계와 도전도 받을 수 있어야 한다. 종교개혁 당시 교회

지도자들은 진정한 교회가 되기 위해서는 하나님의 말씀이 선포되고 성례전을 행하며 징계가 이루어져야 한다고 말했다.

회개하지 않고 불화를 일으키는 자들을 참아주면 마찰로 인한 열이 퍼지게 되고, 결국에는 멸망으로 나아가게 된다. 나쁜 태도를 가진 사람이 저녁 식사 자리에 앉아 가족을 망가뜨리는 것을 허용해서는 안 된다. 하지만 우리는 교회가 좋은 곳이고 안락한 장소라는 것을 보여주려고 마찰과 불화를 얼마나 쉽게 용인하는가! 우리는 더 어려운 길을 가야 한다. 교회의 미래가 거기에 달려있다.

마찰이 생길 것이다. 일이 엉망이 될 수 있다. 그래서 우리는 사랑 안에서 서로 참아줄 필요가 있다. 서로에게 인내심을 가져야 한다. 우리가 믿음으로 하나님의 가족이 되었다면 "성령이 하나 되게 하신 것을 힘써"(엡 4:3) 지켜야 한다. 다른 말로 하면, 그리스도를 닮아가야 한다. 희생적으로 서로를 사랑하고 갈등을 극복하는 방법은 그리스도의 이타적인 '아가페' 사랑에 있기 때문이다. 연합은 놀라운 선물이기에 마찰은 온유하고 참을성 있게 다뤄져야 하며, 그렇기에 더욱 드러내어 해결해야 한다.

오늘 우리는 누군가를 훈계해야 할 수 있다. 아니면 누군가에게 회개하는 모습을 보여주거나 용서를 구해야 할 수도 있다. 아니면 교회 구성원들끼리 마찰을 해결하도록 옆에서 도와주어야 할 수도 있을 것이다.

 야고보서 3장 13-18절

10월 9일
맹세로 보증하기

"하나님은 약속을 기업으로 받는 자들에게 그 뜻이 변하지 아니함을 충분히 나타내시려고 그 일을 맹세로 보증하셨나니 이는 하나님이 거짓말을 하실 수 없는 이 두 가지 변하지 못할 사실로 말미암아 앞에 있는 소망을 얻으려고 피난처를 찾은 우리에게 큰 안위를 받게 하려 하심이라 우리가 이 소망을 가지고 있는 것은 영혼의 닻 같아서…"(히 6:17-19)

맹세는 하는 사람이나 듣는 사람 모두를 위해 중대한 무게감을 지녀야 한다. 맹세는 어떤 사람의 말에 대한 모든 의심을 끝내려는 목적으로, 그리고 지금 하려는 약속의 신빙성을 확실히 하기 위해 가능한 한 최고의 힘에 결정적으로 호소하는 것이다. 사람들은 반복해서 거짓말과 위증으로 맹세를 무의미하게 만들지만, 그럼에도 맹세는 여전히 누군가의 말이 진실하다는 것을 보여준다.

맹세는 물론 맹세하는 사람의 성품만큼 유효하다. 그래서 하나님의 약속은 그 어떤 이유보다 '하나님이' 하셨기 때문에 믿을 만하다는 것을 우리는 안다. 하나님은 맹세로 자신의 약속을 보증하실 필요가 없다. 자기 백성에게 하신 약속만으로도 하나님은 우리에게 믿음을 명령하시기에 충분하다. 하지만 하나님은 한 단계 더 나아가서 자기 이름으로 맹세하셨다. 하나님은 다른 어떤 사람이나 어떤 더 큰 존재로 맹세하실 수 없기 때문이다.

하나님은 우리를 소망의 부재에서 소망의 실재로 옮기셨다. 그래서 우리 영혼의 닻은 튼튼하고 견고하다. 우리 영혼의 닻은 움직일 수 없는 것, 즉 하나님의 약속에 고정되어 있다. 그리고 거짓말을 하실 수 없는 하나님에 의해 눈에 보이지 않는 천상의 영역에 고정되어 있다. 이 약속들은 너무나 확실하기에 복음을 전하면서 그것을 다른 사람들에게 나눌 때 설득력을 갖는다. 우리가 사는 세상은 절망으로 가득 차 있으면서도 거짓 웃음과 휴가와 물질적 이득으로 그런 불만족을 덮으려는 곳이기 때문이다.

하나님의 약속에 닻을 내리고 믿음 안에 굳건히 서는 사람이 된다는 것은 얼마나 놀라운 일인가! 예수 그리스도께서는 우리가 신뢰하기에 합당한 분이시며 "하나님의 약속은 얼마든지 그리스도 안에서 예가" 된다(고후 1:20). 그리스도의 삶과 죽음, 부활, 승천이 우리를 위한 중요하고 영원한 승리를 이미 성취했다.

우리에게 주신 하나님의 약속 중에서 가장 믿기 어렵고 인생을 걸기 어려운 것은 무엇인가? 누가 그 약속들을 하셨는지 기억하라. 그분은 자녀가 없이 나이가 많던 아브라함에게 하늘의 별처럼 셀 수 없이 많은 자손을 맹세하시고 그 약속을 지키신 하나님이시다. 그분은 제자들에게 자신이 거부당하고 죽임당할 것이며 사흘 후에 다시 살아날 것이라고 맹세하시고 그 약속을 지키신 하나님이시다. 믿기 힘든 그 약속을 하신 분을 기억하라. 그분이 어떤 분인지 기억하라. 그것이 우리의 영혼을 위한 닻이고 우리의 미래를 위한 소망이다.

 시편 105편

10월 10일
기도로 지지하기

"…이스라엘 자손이 주의 언약을 버리고…
오직 나만 남았거늘
그들이 내 생명을 찾아 빼앗으려 하나이다"
(왕상 19:14)

한 컨퍼런스에서 목회자들의 절망과 우울을 다룬 세미나를 연 적이 있다. 놀랍도록 고무적이어서 그랬는지, 아니면 끔찍하게 우울해서 그랬는지 전체 컨퍼런스에서 가장 많은 인원이 이 세미나에 참석했다. 목회자들은(몇몇은 아내와 동반해서) 사역하면서 심각한 좌절에 처했을 때 무엇을 해야 할지 소망과 답을 찾고자 했다.

그 방에서 가장 고통스러워하는 목회자가 어떤 심정이었을지 엘리야도 알았을 것이다. 그도 사역을 하며 아무것도 소망할 수 없는 상태를 경험했다. 한번은 450명의 무장한 사람들 앞에 혼자 선 적이 있었다. 그들은 바알의 선지자들로서 엘리야를 철저히 반대했다. 그때 엘리야는 하나님이 큰 능력으로 임하셔서 그 대적들을 완전히 멸하시는 것을 경험했다. 하지만 바로 직후, 이세벨 여왕의 협박을 듣고는 광야로 도망갔다. 그는 동굴에서 낙담에 찬 밤을 보내면서 하나님을 위해 열심을 내는 선지자는 자기 혼자뿐이라고 확신했다. 이런 절망적인 상태에서 하나님은 엘리야를 만나셨고 그를 격려하며 약속을 주셨다. "내가 이스라엘 가운데에 칠천 명을 남기리니 다 바알에게 무릎을 꿇지 아니하고 다 바알에게 입맞추지 아니한 자니라"(왕상 19:18).

성도가 그리스도를 닮아가고 믿음이 자라나는 것을 보는 일은 목회자에게 가장 큰 격려가 된다. 사도 바울은 어린 데살로니가 교회가 믿음 안에 굳건히

서 있다는 소식을 듣고 이렇게 썼다. "우리가 이제는 살리라 우리가 우리 하나님 앞에서 너희로 말미암아 모든 기쁨으로 기뻐하니…"(살전 3:8-9).

어떤 사역을 하든 절망에서 자유로운 사람은 없다. 그리스도인의 섬김의 길은 우여곡절로 가득하다. 기쁜 날도 있을 것이고 재앙 같은 날도 있을 것이다. 실망할 때는 계속 갈 수 없을 것 같아 보인다. 하지만 하나님은 그 백성을 믿음 안에서 성장하게 하시고 그들로 기도하게 하셔서 목회자들과 사역자들을 지탱해 주신다. 스펄전은 런던에 있는 메트로폴리탄 성막교회(Metropolitan Tabernacle)의 방문객들을 지하로 데려가 '보일러실'을 보여주곤 했다. 거기에 보일러는 없었다. 대신 좌석이 들어 차 있었다. 그곳에서 수백 명이 주일마다 모여 스펄전이 설교하는 동안 그를 위해 기도했다. 그는 자신의 사역이 쓰임 받는 것은 기도하는 사람들과 그들의 기도에 응답하시는 하나님께 달려있다는 것을 알았다.

당신이 사역자라면(유급이든 무급이든), 그리고 낙심했다면 이것을 생각하라. 당신은 영원을 위해 인생들에게 영향을 미쳤다는 사실이다. 지난 세월들을 돌아보면 어려움 속에서도 하나님이 당신을 통해 역사하신 증거들이 보일 것이다. 그것으로 용기를 얻기 바란다! 그리고 당신이 누구든, 주변에 사역하는 사람들을 위해 마지막으로 기도하거나 격려의 말을 한 것이 언제인지 떠올려 보라. 사역자들을 위해 격려하고 기도하는 것은 너무나 중요하다. 이 지도자들이 매번 같은 메시지를 전하고 가르치며 그 방식도 늘 그대로라 하더라도, 우리가 믿음으로 그들을 위해 기도할 때 엄청난 영향을 미칠 것이다. 우리 모두에게는 그렇게 해야 할 책임이 있고, 이는 특권이다.

 데살로니가전서 2장 17절-3장 13절

10월 11일
고난 중에 즐거워하라

"내 형제들아 너희가 여러 가지 시험을 당하거든 온전히 기쁘게 여기라
이는 너희 믿음의 시련이 인내를 만들어 내는 줄 너희가 앎이라
인내를 온전히 이루라
이는 너희로 온전하고 구비하여 조금도 부족함이 없게 하려 함이라"

(약 1:2-4)

나는 종종 모든 사람이 자신의 수레를 끌고 있는 모습을 상상하곤 한다. 나에게도 수레가 있다. 모든 사람이 수레를 끌고 다닌다. 그 안에는 시련, 유혹, 두려움, 실패, 실망, 심적 고통, 갈망 등이 들어 있다. 그것들은 우리를 새벽 3시에 깨어 잠 못 들게 만든다.

이 세상에서의 삶은 우리에게 무언가를 요구하고, 어려운 도전을 하고, 고통스럽고 서글픈 방식으로 우리를 괴롭힌다. 이런 어려움에 직면할 때면 그것들을 부인하거나 감추거나 쫓아버리거나 초월해서 살라는 말을 주위 사람들에게서 종종 듣는다. 그러는 동안 우리는 시련에 분개하고 점점 더 원망하고 싶은 유혹을 받는다.

고통에 대한 성경적인 관점은 이런 관점들과 엄청나게 다르다. 야고보는 시련 '중에' 순전하고 온전하게 기뻐하는 것이 가능하다고 말했다. 이것이 어떻게 가능할 수 있을까? 시련 중에 기뻐한다는 것은 완전히 모순되어 보인다. 대부분의 21세기 현대인은 시련을 막는 방식으로 산다. 기뻐하려면 시련을 피하는 것이 마땅해 보인다.

그러나 야고보는 시련을 "온전히 기쁘게" 여기며 사는 방법은, 문제가 없는 요새로 옮겨가는 것이 아니라 그러한 문제들을 향한 우리의 태도를 바꾸는 것이라고 말한다. 야고보는 "너희가 앎이라"는 말을 통해, 우리의 감정을

우리가 참이라고 '알고' 있는 규칙 아래로 가져와야 한다고 상기시킨다. 우리는 무엇을 아는가? 믿음 자체가 인내를 만들어내지는 않는다. 진정한 믿음은 시험을 받을 때 증명되고 강해진다. 우리가 피하려고 하는 것들이 바로 우리를 만드는 것이다.

우리는 직면하는 시련에 대해 솔직해져야 한다. 우리는 아직 천국에 있지 않기에 우리의 믿음도 시험 받는 중에 있다. 믿음은 더 없이 행복한 비현실적인 경험을 통해서가 아니라 거칠고 고단한 일상에서 드러난다. 그리고 진짜 믿음의 시험은 언제나 견고함을 만들어낸다. 그것이 우리를 좀 더 예수님을 닮게 만들 것이다. 그것이 우리를 좀 더 다른 사람을 위로할 수 있는 사람으로 만들 것이다. 따라서 하나님은 우리가 겪는 모든 어려움을 통해 우리 안에 완벽하고 완전한 믿음을 만들어가신다. 우리는 이를 믿을 수 있다. 시련이 다가올 때, 혹은 이미 시련에 깊이 빠져있을 때 우리가 "온전히 기쁘게" 여길 수 있는 것은 그 약속을 붙들기 때문이다. 우리는 이렇게 생각할 수 있다. '내가 이 길을 선택한 것이 아니고 주께서 하셨으니, 이 일을 통해 주님이 자신을 더욱 분명히 드러내 보이시고 나를 더욱 주님 닮게 하실 것이다.'

오늘 우리의 수레에는 무엇이 들어있는가? 그것은 우리가 선택한 것이 아니다. 하지만 그것을 우리의 믿음이 시험을 받아 강하고 완전해질 기회로 본다면 어떻게 달라지겠는가? 그것은 우리가 더 깊고, 정복할 수 없는 기쁨으로 가는 길이 될 것이다.

 로마서 5장 1-11절

10월 12일
선한 일을 위해 만들어졌다

"또 우리 사람들도 열매 없는 자가 되지 않게 하기 위하여
필요한 것을 준비하는 좋은 일에 힘 쓰기를 배우게 하라"
(딛 3:14)

우리는 우연이 아닌 하나님의 선택으로 여기 있다. 우리는 우리 자신을 발명하지 않았으며, 우리의 창조물도 우리가 한 것이 아니다. 우리는 모태에서 정교하게 지어졌다(시 139:13). 하나님의 손이 우리를 지금 우리의 모습이 되도록 지으셨다. 하나님은 뜻하신 바로 그 순간에 우리를 지으시고 역사상 이 시점에 놓으셔서 우리가 그리스도 안에서 믿음을 통해 선한 일(우리가 하도록 그분이 계획하신 선한 일)을 하게 하셨다(엡 2:10).

다시 말해, 우리가 은혜 위에 은혜를 받은 것은 선한 일을 하기 위해서다.

'선한 일'을 한다는 개념이 하나님의 변화시키시는 은혜가 우리에게 미친 영향을 생각할 때 가장 먼저 떠오르는 개념은 아닐 것이다. 그런데 사실 이 개념은 사도 바울의 목록 맨 위에 있다. 바울이 디도에게 쓴 편지에서 그는 하나님이 예수님 안에서 "우리를 대신하여 자신을 주심은 모든 불법에서 우리를 속량하시고 우리를 깨끗하게 하사 **선한 일을 열심히 하는** 자기 백성이 되게 하려 하심이라"(딛 2:14, 강조는 저자 추가)고 말한다.

선한 일에 대한 바울의 특별한 열정은 그의 시대에도 반문화적이었고 지금 우리 시대에도 완전히 반문화적이다. 우리는 자기중심적으로 즐기는 삶을 살라고 유혹하는 세상에서 살고 있다. 그런데 어떻게 바울을 본받아 선한 일을 넘치도록 할 수 있을까?

먼저, 우리는 하나님의 호의를 사기 위해 선한 일을 추구하지 않는다는 것을 분명히 알아야 한다. 우리는 구원 '받기 위해' 선을 행하는 것이 아니라, 구원 '받았기 때문에' 선을 행한다. 은혜를 기반으로 하지 않으면 선을 행하는 삶을 살라는 부르심은 순전히 형식주의가 되어서 우리를 지치게 하거나 우쭐하게 할 것이다. 두 번째로, 우리가 선한 일을 추구하면 하나님이 기뻐하신다는 것을 기억해야 한다. 우리는 "사람을 기쁘게 하려 함이 아니요 오직 우리 마음을 감찰하시는 하나님을 기쁘시게"(살전 2:4) 하려고 산다. 그래서 우리가 받은 위대한 구원을 증거하는 삶은 하나님을 영광스럽게 하고 그리스도를 높이는 선으로 드러날 수밖에 없다.

바울은 또한 우리가 선을 행하려면 배워야 한다고 말한다. 우리는 "좋은 일에 힘쓰기를 **배우게**" 요청받는다. 우리의 행동은 감정적인 흥분의 결과로 나오거나 느낌이 있을 때만 하는 그런 것이어서는 안 된다. 대신, 우리는 하나님이 우리 각자에게 계획하신 하나님 나라의 일을 하기 위해 매일 노력하고 의도적으로, 습관적으로 그 일을 행해야 한다. 그리고 믿음 안에서 이런 삶을 산 사람들을 보며 그들에게서 배우려고 해야 한다.

그리스도 안에서 우리가 살아가는 매일과 우리가 행하는 모든 일은 누군가에게, 그리고 무언가에 선이 될 수 있다. 하나님께서 넘치는 은혜로 우리가 그 믿음을 행동으로 증거하게 해주실 것을 믿으라. 그리고 하나님의 은혜에 대한 반응으로 다른 사람에게 선을 행할 수 있기를 그분께 구하면서 매일을 시작하는 법을 배우라.

 야고보서 1장 27절-2장 13절

10월 13일

더 나은 나라를 갈망하기

> "요셉이 그의 아버지의 가족과 함께 애굽에 거주하여 백십 세를 살며…
> 요셉이 그의 형제들에게 이르되 나는 죽을 것이나…
> 하나님이 반드시 당신들을 돌보시리니
> 당신들은 여기서 내 해골을 메고 올라가겠다 하라 하였더라"
>
> (창 50:22, 24–25)

요셉의 인생 후반기 약 60년은 "요셉이… 애굽에 거주하여"라는 문장으로 요약된다. 아마도 이 기간은 기록된 그의 인생 전반부에 비하면 조용한 시간이었을 것이다. 하지만 60년이라는 세월이 결코 무의미한 것은 아니다. 요셉의 인생 후반기를 생각하다 보면 이런 질문을 하게 된다. 우리는 무엇을 위해 사는가? 하나님이 우리에게 주신 시간으로 무엇을 계획하고 있는가?

우리는 직업적 성공이나 경제적 안정, 혹은 안락한 여가생활 같은 눈에 보이는 것들을 좇으며 인생을 허비하기가 너무 쉽다. 인생의 목적은 노년의 안락한 삶을 위해 직장에서 최대한 오래 버티는 것, 즉 괜찮은 은퇴를 준비하는 것이라는 신화가 우리를 유혹한다. 믿는 자들도 자유롭게(경제적, 정서적, 사회적으로) 하나님 나라를 섬길 수 있는 시기가 오면 오히려 안식을 이야기한다.

우리는 예수님을 따르는 자들로서 이 세상이 전부인 것처럼 살아서는 안 된다. 하지만 우리 중에는 솔직히 "이 삶 말고 더 좋은 것이 있다"고 말할 수 없는 사람이 있을 것이다. 지금 우리가 시간과 재능과 돈을 가지고 하는 모든 일이 이렇게 말하는 것처럼 보이기 때문이다. "이게 전부야! 그러니까 내가 주 60시간을 일하는 거야. 그러니까 집에도 못 가고 휴가도 못 쓰는 거야. 그러니까 지난 주 예배도 빠진 거야. 그러니까 시간을 내서 이웃에게 복음을 전하고 섬기는 위험을 감수하지 못하는 거야. 왜냐하면 이게 전부니까!"

전쟁 중에 강렬하고 흔들림 없는 믿음을 갖는 것과 매일의 일상에서 꾸준히 순종하는 삶을 사는 것은 완전히 다른 문제다. 정말 인생을 잘 살기 위해서는(특히 우리가 가진 자원과 유산과 관련해서) 우리가 인생에서 무엇을 '원하는지'를 고려할 뿐 아니라, 우리가 이 인생으로 무엇을 '해야 하는지'도 고려해야 한다. 하나님 나라의 비전이 필요하다.

요셉은 그의 인생에서, 그리고 상대적으로 더 조용했던 인생 후반부에서 목적을 갖고 살았다. 그의 비전은 애굽의 경계를 넘어서는 것이었다. 그는 자신에게 초점을 맞추지 않았다. 그는 자신의 자녀와 그 자녀의 자녀들이 애굽에서 너무 편안하게 정착하지 않고 언젠가 약속의 땅에 진정으로 정착하게 해야 할 책임이 있었다. 하나님은 요셉이 애굽에서 평화와 명예와 번영을 누리게 하셨다. 오늘날 많은 이들이 추구하는 것이다. 그러나 그는 언제나 애굽 너머를 보고 있었다. 그는 이곳이 그와 하나님의 백성이 진정으로 속한 곳이 아니라는 것을 알았다. 그는 아직 고향에 온 것이 아니었다. 우리도 이렇게 살아야 한다. 우리가 사랑하는 자들이 하늘에 있는 "더 나은 본향을 사모"하도록 도와야 한다(히 11:16). 오늘 무엇을 소유했든 소유하지 못했든, 우리는 아직 고향에 온 것이 아니다. 이곳보다 더 크고 더 좋은 곳이 있다. 자신의 시간과 재능과 돈을 쓸 때 이 사실을 꼭 기억하라.

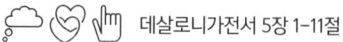 데살로니가전서 5장 1-11절

10월 14일

부당한 고난

"사랑하는 자들아 너희를 연단하려고 오는 불 시험을
이상한 일 당하는 것 같이 이상히 여기지 말고
오히려 너희가 그리스도의 고난에 참여하는 것으로 즐거워하라
이는 그의 영광을 나타내실 때에 너희로 즐거워하고 기뻐하게 하려 함이라"

(벧전 4:12-13)

진정한 신자라면 언젠가는 부당한 고난을 받게 될 것이다. 우리가 진정으로 그리스도를 따른다면, 비난과 비방과 모략을 당하는 때가 있을 것이다. 집이나 일터나 학교가 그곳일 수 있다. 심지어 교회 안에서도 그럴 수 있다.

이 시련들은 실제적인 도전이다. 우리는 자신이 당한 일을 객관적으로 제시하며 이렇게 따져 물을 수 있다. "그거 알아? 그 사람은 그렇게 말하면 안 되는 거였어! 그 여자는 그렇게 생각하면 안 되지! 그들은 그렇게 할 권리가 없어. 그런데 지금 나를 봐. 이건 정말 공평하지 않아!"

고통을 직면할 때 찾아오는 가장 큰 유혹은 그것을 이상한 불운으로(예수님을 따른다는 것이 진정으로 무슨 의미인지와는 전혀 상관없이) 여기는 것이다. 우리 마음 깊은 곳에서는 예수님을 따르면 모든 일이 순조로워야 한다고 생각하기 쉽다. 잠시 동안은, 세상의 몇몇 영역에서는(오늘날 많은 서구 사회를 포함하여) 그런 생각을 갖고서도 꽤 잘 지낼 수 있다. 하지만 "불 시험"을 당하면, 그리스도인이 된다는 것이 사실 쉽지 않다는 것을 갑자기 삶으로 경험하게 된다.

베드로는 교회를 섬기면서 어려운 시련을 당할 때 놀라지 말라고 격려한다. 자립을 앞둔 자녀와 대화하는 부모처럼, 베드로는 믿는 자들에게 고난이 있을 것을 예상해야 한다고 강조한다. 이는 잘못된 행동을 해서 합당한 벌을 받는다는 의미가 아니다. 예수 그리스도께 헌신했다는 이유로 받게 될 고난

을 의미한다. 베드로는 그리스도인이라면 당연히 이런 경험을 하게 된다고 말한다. 그러니 놀라지 말고 예상하고 있어야 한다.

사실, 예수님도 세상이 그분을 증오하여 십자가에 못 박기 전날 밤에 제자들에게 이렇게 말씀하셨다. "종이 주인보다 더 크지 못하다 한 말을 기억하라 사람들이 나를 박해하였은즉 너희도 박해할 것이요"(요 15:20). 예수님이 빌라도의 법정에서 어떤 대우를 받으셨는지 생각해보라. 빌라도는 예수님을 심문하면서 "나는 그에게서 아무 죄도 찾지 못하였노라"고 말했다(요 18:38. 그는 세 번 이런 말을 했는데 그중 첫 번째로 한 말이다! 참조. 요 19:4, 6). 그는 예수님의 대적들이 상황을 조작하려 한다는 것을 알았고 예수님은 고발당할 죄가 없다는 것을 분명히 알았다. 하지만 그는 예수님을 풀어주는 대신 그분을 붙잡아 매를 맞게 하고 십자가에 못 박히도록 내주었다. 예수님이 경험하신 모든 슬픔과 모든 비애는 부당했다. 따라서 우리도 그리스도를 따르기로 선택할 때 그분이 그러셨던 것처럼 기꺼이 고난받도록 초청받은 것이다.

오늘, 불같은 시험에 직면했는가? 아니면 비틀거리며 시험을 통과하고 있는가? 용기를 내라! 그리스도인의 걸음이 고통스러울 때, 우리는 우리를 위해 훨씬 더 큰 고통을 겪으신 그분을 위해 고통받는 것이다. 우리에게 자신을 내어주신 그분께 우리 자신을 드리는 것이다. 그러니 우리는 그 시험이 다 끝나고 정의가 행해지고 우리 구세주의 영광 속에서 영원히 살게 될 그날을 고대할 수 있다.

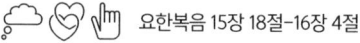 요한복음 15장 18절-16장 4절

10월 15일
지속적인 평강

> "끝으로 형제들아 무엇에든지 참되며
> 무엇에든지 경건하며 무엇에든지 옳으며 무엇에든지 정결하며
> 무엇에든지 사랑 받을 만하며 무엇에든지 칭찬 받을 만하며
> 무슨 덕이 있든지 무슨 기림이 있든지 이것들을 생각하라"
> (빌 4:8)

우리는 하나님의 평강을 알고 그분의 임재를 간절히 경험하고 싶어한다. 하지만 우리의 '마음과 생각을 지키는 하나님의 평강'은(빌 4:7) 저절로 생겨나지 않는다. 우리 마음과 생각을 지키는 하나님의 평강은 그분이 기뻐하시는 것에 우리의 생각이 머물도록 훈련할 때 경험할 수 있다. 따라서 평강을 알려면 먼저 '내 사고방식은 어떠해야 하는가?'를 물어야 한다.

본문 구절은 바울의 대답이다. 바울은 훌륭하고 칭찬받을 만한 것을 기반으로 생각의 틀을 세우라고 격려한다. 그러면서 그리스도인의 바람직한 사고로 여섯 가지 기본 덕목을 제시한다.

첫째는 "참되며", 즉 '진리'이다. 진리의 허리띠는 하나님의 전신갑주 중에서 제일 먼저 갖춰야 한다(엡 6:14). 그래서 이 구절에서도 진리가 가장 먼저 나온다. 진리는 그리스도 안에서 객관적으로 발견되고, 우리가 우리 자신과 다른 사람들에게 복음을 선포할 때 주관적으로 경험할 수 있다.

두 번째로 바울은 "무엇에든지 경건하며"라고 말한다(어떤 번역에서는 "고귀하며"라고 번역하기도 한다). 장엄하거나 경외감을 불러일으키는 것에 우리 마음을 집중하는 일은 부도덕하고 세상적인 것에 마음을 쓰는 일과는 반대된다. 우리는 믿는 자들로서 오늘날 세속 사회를 사로잡고 있는 잡다한 오락거리나 그저 그런 사소한 것들로 마음을 채워서는 안 된다. 그 대신 하나님과 그분의

위대한 사역들을 생각해야 한다.

세 번째와 네 번째로, 바울은 편안하고 유쾌한 것들 대신 '옳은 것과 정결한 것'을 기준으로 결정을 내리라고 요청한다. 요셉과 다윗이 비슷한 상황에서 다르게 행동한 것은 바로 이 사고방식의 차이 때문이었다. 요셉은 보디발의 아내가 유혹했을 때 무엇이 쉬운지 혹은 무엇이 그를 더 기쁘게 할지가 아닌, 무엇이 옳은가를 기준으로 그녀에게서 도망치는 결정을 내렸다(창 39:6-12). 반면 다윗은 자신의 감정을 따랐고, 밧세바와 동침한 후 그녀의 남편을 죽이면서 큰 불의를 저질렀다(삼하 11장). 구원받은 사람이라고 해서, 마음에서 시작해 죄악된 행동으로 이어지는 부도덕함에서 자유로운 것은 아니다. 우리는 구원받은 사람처럼 생각해야 부도덕을 피할 수 있다.

다섯 번째와 여섯 번째로, "무엇에든지 **사랑** 받을 만하며", "무엇에든지 **칭찬** 받을 만한"(KJV 성경에서는 "좋은 평판"이라고 번역한다) 것을 생각해야 한다. 우리가 이런 식으로 생각할 때, 사람들을 비방하고 실망시키고 망가뜨리는 평판이 아닌, 사람들을 세우는 평판을 듣게 될 것이다. 이런 마음가짐을 통해 우리는 더욱 형제 사랑을 실천하며 더욱 하나님의 은혜를 누리게 된다.

우리의 생각을 바울이 제시하는 패턴에 맞추고 기도로 구하라(빌 4:6-8). 그러면 우리 삶에 종종 파고들어 평안을 방해하고 기쁨을 파괴하는 근심에 빠지지 않을 것이다. 당신의 마음이 하나님을 따라 그분의 생각을 하도록 훈련하라. 그러면 점점 더 그분의 평안과 임재를 경험하게 될 것이다.

 시편 119편 97-104절

10월 16일

입을 지키라

"입을 지키는 자는 자기의 생명을 보전하나
입술을 크게 벌리는 자에게는 멸망이 오느니라"

(잠 13:3)

청교도인 토머스 브룩스(Thomas Brooks)는 이렇게 쓴 적이 있다. "금속은 쨍그랑거리는 소리로 알고, 사람은 말하는 것으로 안다."[12]

말은 중립적이기 힘들다. 하나님은 우리가 하는 모든 말을 들으신다. 우리 삶은 하나님 앞에 밝히 드러나고, 성경은 우리가 자기 자신과 다른 사람들에게 숨기려고 하는 후미진 곳까지 철저히 파헤치는 불가사의한 능력을 갖고 있다.

우리는 말의 기억으로 형성된다. 아이가 처음 말문이 터졌을 때와 같은 기쁜 기억일 수도 있고, 친구가 상처 주는 말을 했을 때와 같은 아픈 기억일 수도 있다. 우리는 어린 시절부터 상처를 주는 말과 기쁨을 주는 말을 하는 법을 배운다. 솔로몬왕의 말은 옳았다. "죽고 사는 것이 혀의 힘에 달렸나니"(잠 18:21).

우리는 모두 타락했다. 그래서 상처 주는 말이 우리 입에서 쉽게 흘러나온다. 마구 휘두르는 칼처럼 무모한 말일 수도 있고, 방심한 나머지 듣기 전에 성급하게 한 대답일 수도 있다. 어떤 때는 말을 너무 많이 할 수도 있다. 그러다 보면 어쩔 수 없이 자기만 알아야 하는 것들을 말해버린다. 말은 이웃을 해칠 수 있고, 친구의 감정을 상하게 할 수 있으며, 다른 사람과의 관계를 악화시킬 수 있다. 한마디의 잘못된 말이 한 사람의 인격을 망칠 수 있고, 명성에 먹칠할 수 있으며, 누군가의 삶을 오랫동안 망가뜨릴 수 있다. 우리는 이 모든 것을 잘 알지만, 우리 입을 단속하기가 얼마나 어려운지도 잘 안다. 자기 자신과 다른 사람에게 해를 끼친 후에야 뒤늦게 입을 닫는 경우가 얼마나 많은지 모른다.

우리 자신이 얼마나 혀를 잘못 놀리는지 정말로 정직하게 인정한다면, 서로를 덜 몰아붙일 것이다. 그리고 훨씬 더 진지하게 하나님의 능력을 힘입어 우리 입을 지키고 헛된 말들을 버리려고 애를 쓸 것이다. 그러면 우리 친구와 가족과 이웃들에게 얼마나 아름다운 은혜를 보여줄 수 있겠는가! 예수님만이 유일하게 완벽한 인간이시다. 그분은 절대 말로 죄를 지은 적이 없으시다(약 3:2). 우리가 이런 식으로 그분을 닮아가고자 한다면, 아마도 더 많은 사람이 그분의 입에서 나오는 부드럽고 친절한 공감의 말에 놀라는 경험을 하게 될 것이다(눅 4:22).

우리가 천국 문 앞에 섰을 때 우리의 말과 행동 자체가 무엇을 해줄 수는 없다. 그러나 주 예수 그리스도를 향한 우리의 믿음의 고백이 참이라는 것은 증명해줄 것이다. 우리가 "듣기는 속히 하고 말하기는 더디 하며 성내기도 더디 하라"(약 1:19)는 말씀을 진심으로 받아들인다면 어떤 모습이 되겠는가?

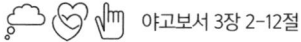 야고보서 3장 2-12절

10월 17일
우리의 인내하시는 선생

"그러나 제자들은 이 말씀을 깨닫지 못하고
묻기도 두려워하더라"

(막 9:32)

수업 시간에 한 학생이 칠판에 적힌 공식을 뚫어져라 쳐다보고 있다. 그 학생은 공식을 전혀 이해하지 못했지만, 질문하려고 손드는 것이 두렵다. 많은 사람이 이런 비슷한 딜레마 상황을 경험해 보았을 것이다. 한편으로는 나서는 것이 두렵고 어떤 대답이 돌아올지 몰라 두렵기도 하다. 또 한편으로는 질문하지 않으면 아무것도 알 수 없다는 것을 안다.

제자들은 예수님과 함께 지내면서 그분의 가르침을 정기적으로 들었고 그분의 지시를 받았으며 그분이 베푸시는 기적을 경험했지만, 여전히 그분의 사역이 그리는 더 큰 그림을 이해하려고 고군분투하고 있었다. 예수님은 앞으로 겪게 될 일들, 즉 그분이 배신당하고 죽고 부활하실 일들에 대해 여러 번 쉽게 설명해 주셨다. 그러나 그들은 최악의 곤경에 직면했다. "제자들은 이 말씀을 깨닫지 못하고 묻기도 두려워하더라."

베드로, 야고보, 요한은 바로 직전에 예수님이 변하시는 모습을 목격했다 (막 9:2-8). 그들은 그분이 하나님의 아들이심을 알았다. 하지만 제자들이 예수님을 메시아로 진지하게 믿는다고 해서 그분이 메시아가 '되신다'는 것이 실제로 무슨 의미인지 이해했다는 것은 아니다. 메시아에 대한 그들의 이해는 흐릿하고 불완전했기에 혼란과 두려움이 혼재되어 있었다. 그들이 예수님께 질문하지 못한 것은 그들이 모른다는 것을 인정하고 싶지 않아서였을 것이다. 아니면 예수님이 그들에게 하신 말씀이 그분 자신과 그들에게(막 8:30-31, 34-35) 함축하는 바가 무엇인지 직면하고 싶지 않아서였을 수도 있다.

예수님이 죽으시고 부활하신 이후에도 그랬다. 엠마오로 가던 두 제자는 예수님이 성경의 전체 이야기를 풀어주시고 나서야 그분의 고난을 이해하고 모든 것을 종합할 수 있었다(눅 24:26-27). 예수님이 승천하시기 직전까지도 제자들은 그리스도의 왕국이 어떤 곳인지 확실히 알지 못했다. 그러나 이번에는 예수님께 답을 구했다. 예수님은 '또 같은 질문이냐? 몇 번이나 물으려고 하느냐?'고 질책하지 않으시고, 그분의 나라는 예루살렘에 있는 성전을 재건해서 오는 것이 아니라 각 사람 안에 성령님이 역사하심으로 도래할 것이라고 친절하게 설명해 주셨다(행 1:8).

우리도 제자들과 마찬가지로 하나님의 말씀이 가르치는 내용을 전부 다 이해할 수 없고 그 내용이 함축하는 바를 회피하고 싶을 수도 있다. 그러나 두려워할 필요가 없다. 예수님은 매우 친절하시고 인내심 있는 선생이시기 때문이다. 제자들에게 그렇게 친절하고 인내심이 있으셨으니 우리에게도 그러실 것이다. 그리고 성령님이 우리 안에 계시니 얼마나 좋은가! 성령님은 주님이 우리에게 하라고 하시는 모든 일을 할 수 있게 해주신다(겔 36:26-27; 갈 5:16). 그러니 오늘 지혜와 이해가 부족하다는 생각이 든다면, "모든 사람에게 후히 주시고 꾸짖지 아니하시는 하나님께 구하라"(약 1:5).

 고린도전서 2장 1-16절

10월 18일

행동할 준비하기

"그러므로 너희 마음의 허리를 동이고 근신하여
예수 그리스도께서 나타나실 때에
너희에게 가져다 주실 은혜를 온전히 바랄지어다"

(벧전 1:13)

비행기 조종사가 되기 위해서는 여러 시간 강도 높은 훈련을 해야 한다. 이 훈련 중 일부는 실제 상황과 유사할 정도로 땀도 흘리고 스트레스도 받는 모의실험 장치에서 이루어진다. 비행 조종사들은 왜 이런 강도 높은 훈련을 받을까? 그래야 실제 상황에서 올바른 판단을 내릴 수 있기 때문이다!

순결에 관해서는, 사람들이 순간의 열기 속에서 중요한 결정을 내리려고 하기 때문에 죄에 빠지는 경우가 종종 있다. 순결은 그냥 지켜지지 않는다. 순결을 유지하려면 미리 앞서서 하나님 말씀에 근거한 선택을 해야 한다.

이런 이유로 베드로는 우리에게 "마음의 허리를 동이고 근신하여…"라고 말한다. KJV 성경은 이 구절을 "마음을 단단히 준비하다"라고 번역한다. 다른 말로 하면, 마음을 잘 통제하여(우리의 사고 과정을 파악하여) 좋은 것을 따르고 악한 것을 피할 수 있어야 한다.

우리가 마음을 동이지 않으면(마음으로 행동할 준비를 하지 않으면) 쉽게 유혹당하고 비극에 빠지기 쉽다. 우리는 감정이 요동치고 욕망이 들끓는 순간에, 삶을 송두리째 바꿀 만한 어려운 결정들을 하려는 경향이 있다. 하지만 순결한 삶은 우연히 이루어지지 않는다. 순결한 삶은 하나님의 영에 의해 일어나고 그분의 말씀으로 인도되며 그분의 능력으로 가능하게 되는 철저한 결단의 행위다. 우리는 시편 기자가 "주의 의로운 규례들을 지키기로 맹세하고 굳게 정하였나이다"(시 119:106)라고 말한 것처럼, 순결하기로 결단해야 한다. 그러니 너무 늦기 전에 결단하라.

여기서 이런 제안을 하고 싶다. 모퉁이가 아닌 좁은 길의 중앙에서 살기로 결단하자. 잠언 7장에서 "음녀"의 유혹에 넘어간 젊은이는 모퉁이로 갔다. "그가 거리를 지나 음녀의 골목 모퉁이로 가까이 하여 그의 집 쪽으로 가는데 저물 때, 황혼 때, 깊은 밤 흑암 중에라"(잠 7:8-9). 성경의 교훈은 분명하다. 잘못된 시간에 잘못된 장소에 가지 말라는 것이다. 순결에 관해서는, 모퉁이로 가면 얻을 것이 하나도 없다. 그러나 유혹이 오기 '전에' 결단하면 악한 날이 올 때 이렇게 대답할 준비가 되어 있을 것이다. "아니, 난 이미 결정을 내렸어."

당신의 삶이 좁은 길의 중앙에 머물게 하고, 그곳을 떠나지 않겠다고 결단하라. 그리스도 예수께서 재림하시고 그분의 백성들이 은혜로 그 보좌를 둘러싸게 되는 날, 거룩함을 추구했던 삶이 가치가 없었다고 말하는 사람은 한 명도 없을 것이다.

 잠언 7장

10월 19일
침묵과 고통

"그 때에 욥의 친구 세 사람이 이 모든 재앙이 그에게 내렸다 함을 듣고
각각 자기 지역에서부터 이르렀으니… 밤낮 칠 일 동안 그와 함께 땅에 앉았으나
욥의 고통이 심함을 보므로 그에게 한마디도 말하는 자가 없었더라…
데만 사람 엘리바스가 대답하여 이르되 누가 네게 말하면 네가 싫증을 내겠느냐.
누가 참고 말하지 아니하겠느냐"(욥 2:11, 13; 4:1-2)

욥의 친구들은 누군가가 깊은 고통과 슬픔을 지날 때 어떻게 반응해야 하는지, 그리고 어떻게 반응하면 안 되는지를 보여준다.

욥의 친구들은 욥의 고통의 깊이를 본 후, 어떻게 해서든 말로 위로하려고 애썼다. 결론적으로, 그들의 말은 굉장히 이론적이었지만 욥에게는 전혀 도움이 되지 않았다.

고통을 겪고 있는 사람에게 어떤 말을 하거나 고난에 대해 언급하는 것은, 우리가 그와 비슷한 경험을 해보았거나 그들이 하는 말을 충분히 듣고 하나님께 겸손히 기도하지 않았다면, 매우 위험할 수 있다. 욥기 16장은 이 세 친구가 형편없는 위로자임을 보여준다. 그들은 "그럴 듯한 말로" 욥을 공격했고 그들의 말은 끝이 없었다(4절).

욥의 친구들은 욥이 받는 고난에 대해 즉각적인 치료와 재빠른 대답을 하려고 시도하다가 결국 그를 향한 비난만 쌓게 되었다. 특히 소발은 욥이 지금 겪는 일보다 더 심한 일을 당해야 한다고 말하고 말았다(욥 11:4-6). 같은 맥락에서 엘리바스는 욥이 하나님으로부터 떠나 방황했기 때문에 하나님의 말씀을 더 주의 깊게 들어야 한다고 말했다(욥 22:21-23). 이 친구들은 욥의 고난에 너무 단순하게 접근함으로써 치유보다는 상처를 주고 말았다. 그들은 너무 성급히 판단을 내리고 욥의 모든 슬픔에 답을 주려고 했다. 엘리바스가 처음

으로 입을 열어 "누가 참고 말하지 아니하겠느냐"라고 물었을 때 그는 "나"라고 대답했어야 했다!

욥은 친구들이 자신을 위로하는 방법을 매몰차게 비난했다. "너희는 거짓말을 지어내는 자요 다 쓸모 없는 의원이니라 너희가 참으로 잠잠하면 그것이 너희의 지혜일 것이니라"(욥 13:4-5). 그리고 사실 욥의 친구들은 처음에는 그렇게 했었다. 그들은 아무 말 없이 그와 일주일 동안 그저 같이 있었다.

고난을 경험할 때, 고난받는 사람과 함께 말없이 있어주는 것이 많은 말을 하는 것보다 훨씬 큰 도움이 된다. 그의 친구들이 처음에 했던 것(그와 함께 앉아 한마디도 하지 않은 것)을 계속했더라면 욥은 더 큰 위로와 우정을 경험했을 것이다.

침묵은 고난에 대해 우리가 할 수 있는 여러 반응 중에서 쉽게 놓치는 요소일 때가 많다. 침묵만이 필요한 반응인 것은 분명 아니지만, 많은 경우 평가절하 되는 것이 사실이다. 어떤 의도 없이 주위의 모든 소음을 차단하고 고통받는 사람의 소리에 집중하려고 한다면, 우리는 이 침묵을 통해 그 무엇보다도 더 큰 진전을 이룰 수 있을 것이다. 그런 후에야 무엇을 말해야 할지, 또 어떻게 말해야 할지 유용한 것들을 얻을 수 있을 것이다. 욥은 분명 그렇게 생각했던 것 같다. 이번 주에 우리가 조용히 같이 있어주어야 할 누군가가 있는가?

 시편 42-43편

10월 20일
초차연적인 인내

"또 형제들아 너희를 권면하노니
게으른 자들을 권계하며 마음이 약한 자들을 격려하고
힘이 없는 자들을 붙들어 주며
모든 사람에게 오래 참으라"

(살전 5:14)

인내는 훌륭한 덕목이다. 또한 무척 어려운 일이기도 하다!

사도 바울은 데살로니가 교회에 보내는 편지를 마무리하면서 더 없이 소중한 원리들을 하나하나 힘주어 강조한다. 각각의 원리는 목걸이를 이루는 보석과 같다. 즉 우리가 인생을 계획할 때 목에 걸고 다닐 지혜로운 진리다(잠 3:3). 이 원리들 중에서 두드러지는 것은 인내하라는 명령이다.

바울은 그리스어 '마크로뒤메오'(*makrothumeo*)라는 단어를 사용하는데, 이 단어는 문자 그대로 하면 '마음이 길다'라는 뜻이다. 그리고 성경은 이 단어를 보통 하나님의 성품을 묘사하는 데 사용한다(예를 들어, 롬 2:4; 딤후 1:16; 약 5:10). 인내는 실패하는 사람들이 가진 급한 성질과 다르다. 바울은 어리석은 자, 용기 없는 자, 연약한 자를 대할 때 우리에게 필요한 성품이 인내라고 말한다. 이런 사람들을 만나는 것은 거룩한 인내를 실천할 기회를 얻는 것이다.

어떻게 해야 이런 인내를 가질 수 있을까? 이 인내는 저절로 생기지 않는다! 그래서 첫 번째로 하나님을 바라보아야 한다. 우리 하나님은 "긍휼이 많으시고 은혜로우시며 노하기를 더디 하시고 인자하심이 풍부"하시다(시 103:8). 그분은 우리의 반역하는 마음을 보고도 용서하신다. 우리의 반복되는 실패를 보고도 우리를 포기하지 않으신다. 우리의 의심과 걱정을 보면서도 우리에게 친절하시다. 우리는 이러한 인내를 본받도록 부름받았다.

두 번째로 하나님께 도움을 구해야 한다. 이러한 초자연적인 인내는 오직 하나님만이 그분의 영을 통해 우리 삶에 만들어내실 수 있다. 예를 들어 바울은 골로새 교인들이 "그의 영광의 힘을 따라 모든 능력으로 능하게 하시며 기쁨으로 모든 견딤과 오래 참음에 이르게"(골 1:11) 해달라고 기도했다. 우리는 스스로도 이런 기도를 해야 하지만, 우리를 위해 이런 기도를 해줄 누군가가 필요하다. 또한 우리도 누군가를 위해 이런 기도를 해야 한다. 이것이 하나님이 꼭 응답하고자 하시는 기도이기 때문이다. 하나님의 능력이 우리 삶에 흘러들어 오면, 우리는 그만 두고 싶을 때도 인내할 수 있고 정말 인내할 수 없을 것 같을 때도 인내하게 된다.

매일의 삶에서 만나는 골치 아픈 일들(드라이브 스루의 줄이 길 때, 혹은 초록불에 앞 차가 움직이지 않을 때)에 어떻게 반응할 것인가? 어리석거나 비겁하거나 나약한 형제자매에게는 어떻게 반응하겠는가? 그런 상황이나 사람들 사이에서 우리의 좌우명이 '인내'가 되게 하자. 주변 사람들은 우리의 신학적 지식에는 특별히 감명을 받지 않겠지만, 우리가 인내하지 못하는 모습은 똑똑히 기억할 것이다. 이런 모습은 우리가 다른 사람보다 자신을 더 중요하게 여긴다는 인상을 전달한다. 하지만 인내한다면 그들은 우리의 인내심에 주목할 것이다. 인내심은 우리의 하늘 아버지가 그러셨듯이, 우리가 자신의 유익보다 다른 사람의 관심과 복지를 더 소중히 여긴다고 말해준다(빌 2:3).

우리는 오늘도 분명히 인간적으로는 인내할 수 없는 상황에서 신적인 인내심을 보여줄 기회를 가질 것이다. 그런 순간이 오면 하나님이 얼마나 우리를 참아주셨는지 기억하라. 그러면 다른 사람을 위해 더 인내할 수 있다.

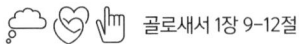 골로새서 1장 9-12절

10월 21일
하나님의 인정

"너는 진리의 말씀을 옳게 분별하며
부끄러울 것이 없는 일꾼으로 인정된 자로
자신을 하나님 앞에 드리기를 힘쓰라"

(딤후 2:15)

당신은 누구의 칭찬을 받기 위해 사는가?

우리는 본능적으로 다른 사람의 인정을 받고자 한다. 하지만 믿는 자로서 우리가 무엇보다 구해야 할 인정은 하나님께 받는 인정이다. 잠시 시간을 내어 이 놀라운 진리를 깊이 생각해보자. 오늘 우리가 하는 일이 온 우주를 지탱하시는 하나님을 기쁘시게 하는 일이라면(살전 4:1), 언젠가 하나님은 그분을 위해 최선을 다해 살았던 사람들을 놀라운 말로 맞아주실 것이다. "잘하였도다 착하고 충성된 종아"(마 25:21, 23). 하나님의 입에서 이런 말이 우리를 향해 들려온다고 한번 상상해보라!

그렇다면 "부끄러울 것이 없는 일꾼"으로서 하나님께 "인정된 자로" 사는 삶은 어떤 삶인가?

가장 중요한 것은 끝까지 믿음을 지키기로 결심하는 것이다. 바울은 인생의 마지막을 정리하며 디모데에게 이렇게 선포했다. "나는 선한 싸움을 싸우고 나의 달려갈 길을 마치고 믿음을 지켰으니"(딤후 4:7). 바울의 삶은 순간적인 열정에 반짝하다가 만성적으로 타성에 젖는 그런 것이 아니었다. 믿음의 경주는 인생을 걸고 끝까지 달리는 마라톤임을 그는 알았다.

우리는 잠시 잠깐 반짝하다 마는 사람으로 남고 싶어 하지 않는다. 특히 다른 그리스도인들이 볼 때에만 하나님의 일을 하는 그런 사람이 되어서는 안 된다. 하나님이 언제나 지키심을 기억하고 날마다 열심히 달리려고 해야 한다.

지속적으로 믿음의 경주를 해나가면서 기억해야 할 것은 "의로우신 재판장이 그 날에 내게 주실", "의의 면류관이 예비"되었다는 것이다(딤후 4:8). 또한 우리가 달리는 것은 우리 힘으로 하는 것이 아님을 기억해야 한다. "[우리] 안에서 착한 일을 시작하신 이가 그리스도 예수의 날까지 이루실 줄을" 확신해야 한다(빌 1:6). 하나님은 우리를 결코 버리지도 않고 떠나지도 않겠다고 약속하셨다(히 13:5). 아직 결승선이 멀어 보여도, 우리는 "믿음의 주요 또 온전하게 하시는 이"(히12:2)에게 우리의 시선을 고정하고 결승선이 아닌 예수님을 바라보아야 한다.

하나님의 영광을 위해 살아가는 한 사람의 인생이 미치는 영향을 결코 과소평가하지 마라. 인정받는 일꾼으로서 하늘 아버지 앞에 선 모습을 상상해 보라. 우리는 겸손히 이렇게 고백하게 될 것이다. "주님, 당신의 인정을 받기 위해 최선을 다하고 싶습니다. 저는 그저 한 사람에 불과하지만 제가 여기 있습니다. 제가 할 수 있는 일을 행하겠습니다. 그리고 하나님의 은혜로 제가 해야 할 그 일을 행하겠습니다."**13**

 마태복음 25장 14-46절

10월 22일
우리에게 필요한 모든 답

"바울이 아덴에서 그들을 기다리다가 그 성에 우상이 가득한 것을 보고 마음에 격분하여 회당에서는 유대인과 경건한 사람들과 또 장터에서는 날마다 만나는 사람들과 변론하니 어떤 에피쿠로스와 스토아 철학자들도 바울과 쟁론할새 어떤 사람은 이르되 이 말쟁이가 무슨 말을 하고자 하느냐 하고 어떤 사람은 이르되 이방 신들을 전하는 사람인가보다 하니 이는 바울이 예수와 부활을 전하기 때문이러라"(행 17:16-18)

바울은 아덴에서 당시 지식인들을 대상으로 설교를 하다가 그들이 두 가지 근본적인 사상의 영향을 받고 있다는 사실을 알게 되었다. 스토아 철학과 에피쿠로스 철학이었다. 스토아 철학은 세상의 모든 사건이 무자비하고 차갑고 비인격적인 운명에 의해 결정된다고 주장하고, 에피쿠로스 철학은 가장 즐거움을 주는 것이 선이라고 가르친다. 이 두 철학 모두 전능하신 하나님의 자녀들에 대해서는 설명하지 못한다.

기독교의 가장 큰 특징 중 하나는 우리가 세상을 보는 방식이다. 주변 문화들과는 너무나 대조적으로, 우리는 시간이 하나님 손에 있다고 믿는다(시 31:15). 우리는 맹목적인 힘에 잡혀있는 것도 아니고 우연의 바다에 그냥 던져진 것도 아니다.

마르크스주의, 힌두교, 허무주의, 혹은 그 외 무수히 많은 다른 어떤 철학에 이끌렸던 그들은 모두 자신의 믿음과 관련해 의문과 불안정한 요소들을 마주하게 된다. 계급 없는 사회를 위한 투쟁에 사로잡혀 있는가, 아니면 끝없는 탄생과 죽음의 순환에 사로잡혀 있는가? 인생에는 아무런 의미가 없다고 확신했는지도 모른다. 누군가의 질문이나 확신이 무엇이든 간에, 하나님은 그들에게 필요한 모든 답을 주신다. 우리 믿는 자들은 무감각하고 무신경한 운명이나 끝없는 불확실성에 갇힌 삶을 살아가는 대신, 실패하지 않는 사랑 안에서 살아간다. 우리는 이제 바울과 같이 하나님께서 그분의 말씀을 통해 우리에게 주신 모든 답(우리가 세상과 나누어야 할 답)을 지키는 자들이다. 하나님은 우리에게 큰 확신을 주셨는데, 그분의 이름은 예수다.

따라서 문제는 우리가 모든 인간의 가장 깊은 열망이나 다른 모든 철학과 종교의 다양한 반대에 답할 수 있는 메시지를 가졌느냐 아니냐가 아니다. 우리에게는 답이 있다. 문제는 우리가 그 메시지를 나눌 것인가의 여부다. 바울이 아덴에 있을 때 그는 다른 사람들이 보지 못하는 것을 보았다. 그는 그 도시의 놀라운 광경을 즐기거나 그들의 지적 평판에 놀라워하지 않았다. 그는 우상 숭배에 빠진 도시를 보았고 그의 영이 "마음에 격분"했다. 우상이 숭배될 때마다 주 예수님이 오직 그분만 받으셔야 할 영광을 도둑맞는 것이기 때문이다. 그래서 바울은 자신의 평판은 아랑곳하지 않고 그 도시에 사는 사람들에게 부활의 소망이라는 복음을 논리적으로 전하고 선포했다.

우리가 사는 곳이 어디든, 그곳은 어떤 식으로든 현대판 아덴과 같을 것이다. 주변 사람들이 섬기는 우상은 무엇인가? 우리의 영이 그로 인해 격분하는가? 어떤 우상도 줄 수 없는, 인간의 갈망을 만족시키는 답이 우리에게 있다. 우리에게는 하나님께 영광을 돌릴 기회가 있다. 오늘 누구에게 다음과 같이 논리적으로 전할 수 있겠는가? "지금 당신이 섬기는 것은 당신을 만족시킬 수 없다는 것을 모르나요? 당신은 지금 의미와 소망을 주시며 모욕당하지 않으시는 하나님을 무시하고 있다는 것을 모르나요? 예수 그리스도를 통해 알게 된 답들을 말해줘도 될까요?"

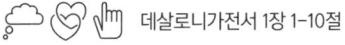 데살로니가전서 1장 1-10절

10월 23일
새롭고 더 나은 아담

*"한 사람이 순종하지 아니함으로 많은 사람이 죄인 된 것 같이
한 사람이 순종하심으로 많은 사람이 의인이 되리라"*

(롬 5:19)

첫 번째 인간인 아담은 하나님의 형상대로 지어졌다. 주님은 아담에게 모든 피조물 가운데 독특한 역할을 주셨지만, 그는 그 역할을 감당하지 못했고 에덴에서 쫓겨나게 되었다. 그 후 하나님은 이스라엘 백성과 함께 새롭게 출발하셨다. 그들은 하나님의 백성이라고 불렸다. 그들이 하나님의 율법에 복종할 때는 하나님의 성품을 드러낼 수 있었다. 하지만 아담처럼 이스라엘도 자신의 역할에서 실패했고 유배되었다.

그러나 영광스럽게도 신약에 들어서면 아담과 이스라엘이 실패했던 곳에서 예수님이 성공을 거두시는 것을 본다. 예수님은 하나님의 백성들이 보여야 했던 모습을 그대로 보여주신다. 새롭고 더 나은 아담, 진정한 이스라엘의 모습이다. 그분은 아담의 자손이시며 아담 족속과 자신을 동일시하신다. 그분은 우리와 완벽하게 동일하시지만, 아담과는 달리 시험을 받으시되 죄는 짓지 않으셨다(히 4:15).

주 예수님 안에서 우리는 하나님께 완벽하게 순종한 유일한 인간, 하나님을 항상 기쁘시게 한 유일한 인간을 본다. 그분은 율법의 모든 조항을 지키셨다. 따라서 예수님은 하나님의 임재에서 쫓겨나지 않아도 되는 삶을 사신 유일한 분이다. 하지만 그분은 벌을 받으셨다. 그분은 죄인들, 즉 아담의 죄에 묶여 있는 죄인들이 받아야 할 형벌을 기꺼이 십자가에서 받으셨다.

모든 인간은 본성상, 그리고 태생적으로 아담의 후손이다. 우리는 죄 안에서 태어났고 하나님께 거역하는 데 있어서 아담과 하나다. 예외가 없다. 그래서 우리는 율법을 완벽하게 지키셨기에 하나님 앞에서 쫓겨나지 않아도 되는 유일한 분, 십자가에 죽기까지 순종하셔서 죄인들로 하여금 아담이 받아야 할 형벌 대신 은혜로 믿음을 통해 그분이 받아야 할 모든 것을 받게 하신 그분께 나아가야 한다. 이것이 인간의 곤경에 대한 유일한 해답이다.

이 진리가 모든 것의 핵심이다. 이전에는 아담의 그 한 행동에서 우리의 모든 진리의 근원을 찾았지만, 지금은 그리스도께서 순종하신 결과만이 우리의 모든 진리다.

우리에게 확신이 부족하다면, 그것은 아마도 자신의 영적 생활을 점검하는 것으로 자신이 충분히 잘하고 있는지 판단하는 죄를 짓고 있기 때문이다. 하지만 우리는 무언가를 해서 구원받은 것이 아니다. 찬송가 가사처럼 우리는 우리를 위해 행해진 일로 구원받았다.

죄 없으신 구주가 죽으셨기에
내 죄 많은 영혼은 자유로워지네.
공의로우신 하나님이 그분을 보고
만족하셨기에 나를 용서하시네.**14**

 로마서 5장 6-21절

10월 24일

구원의 노래

> "주는 나의 은신처이오니
> 환난에서 나를 보호하시고
> 구원의 노래로 나를 두르시리이다"
>
> (시 32:7)

오래된 흑백 영화 "로빈 후드"나 "아서왕"을 보면 여왕들이 말을 타고 전쟁터를 가로지르는 장면이 나온다. 그들은 혼자 가지 않고 말 탄 병사들의 호위를 받으며 달린다.

어려운 날에, 우리도 하나님께서 "그의 천사들을 명령하사 네 모든 길에서 너를 지키게"(시 91:11) 하신다는 것을 떠올릴 수 있다. 하나님은 그리스도의 깃발을 따르는 사람들의 무리, 즉 교회로 우리를 호위하신다. 그리스도인의 삶은 홀로 가는 여행이 아니라 함께 가는 여행이다. 그리스도를 위해 함께 모일 수 있는 유익을 누린다. 우리는 "구원의 노래"를 부르는 사람들이 우리 주위를 에워싸도록 해야 한다. 그들과 함께 예배할 때 우리는 하나님이 우리에게 주시는 구원의 유익을 경험할 수 있다.

삶의 방향을 잃었거나 약점, 실패, 좌절, 회의를 느낄 때, 최고의 약은 자기 힘으로 일어서려고 애쓰지 않는 것이다. 오히려 예수님이 하신 놀라운 일들을 바라보고 그리스도를 믿는 형제자매들을 통해 예수님이 하신 일을 들어야 한다. 하나님의 말씀과 함께 찬송가 가사로 우리의 마음을 채우기만 해도 우리는 가장 어두운 시절을 통과하며 서로 격려할 수 있다.

알렉 모티어는 이렇게 기록한 바 있다. "진리가 신조나 찬송가에 실리면, 그것은 온 교회의 확신에 찬 소유물이 된다."[15] 우리는 신학에 깊이 뿌리를 둔 말들로 매일 스스로에게 이렇게 말할 수 있다. "그분은 내가 극복하기 위해 필요한 전부이시다." 그럴 때 우리는 하나님의 백성과 함께 예배하며 우리 주님께 은혜와 평화를 구할 수 있다. 살아있는 교회는 언제나 찬양하는 교회일 것이다.

우리는 외딴 섬에서 홀로 예배하지 않는다. 공동체 예배는 구원의 노래들로 가득하다. 창조주께서는 우리가 공동체 안에서 함께 같은 고백을 하게 하신다.

> 노래하라, 오 내 구원자를 노래하라!
> 그의 피로 나를 사셨네.
> 십자가 위에서 그분은 나를 용서하셨고
> 빚을 갚으셨고 나를 자유하게 하셨네.**16**

 시편 147편

10월 25일

육체의 가시

"여러 계시를 받은 것이 지극히 크므로
너무 자만하지 않게 하시려고
내 육체에 가시 곧 사탄의 사자를 주셨으니
이는 나를 쳐서 너무 자만하지 않게 하려 하심이라"

(고후 12:7)

재능은 넘치지만 자기 파트에만 관심이 있는 연주자들을 모은다면 오케스트라를 구성할 수 없을 것이다. 그들은 그저 듣기 거북한 불협화음만 만들어 낼 것이다. 하지만 그 재능이 사심 없는 겸손함으로 발휘될 때 지휘자의 지휘와 스코어(여러 악기의 악보를 통합하여 하나의 악보로 표시하는 것을 의미한다-역주)의 규칙에 따라 아름답고 조화로운 음악이 만들어질 것이다.

연주자가 혼자서만 돋보이려고 하면 오케스트라의 효능이 떨어질 수밖에 없다. 우리 그리스도인의 믿음도 마찬가지다. 영적 은사는 교만의 근거가 되어서는 안 된다. 은사는 결국 선물이기 때문이다! 그러나 우리는 하나님이 주신 은사를 마치 자기가 갈고 닦은 것인 양, 혹은 마땅히 자기가 받아야 할 것인 양 여길 때가 많다. 아니면 그 은사들을 자신의 것처럼 자신을 위해 사용하려고 할 때가 많다. 이렇게 되면 자신을 과도하게 중요하게 생각하는 위험에 빠질 수가 있다. 그래서 중요한 은사를 가졌다는 사람들이 전형적으로 가장 큰 위험에 빠진다.

바울 자신도 이 유혹에 직면해야 했다. 그는 특히 총명했고 좋은 교육을 받았으며, 최고의 가문이라는 배경을 가졌고, 여러 가지 면에서 영향력 있는 사람이었다(참조. 빌 3:4-6).

바울은 당시 하나님에 대한 지식을 장황하게 떠벌리던 거짓 사도들과 대결을 벌이면서, 자신이 본 놀라운 환상을 솔직하게 묘사했다(고후 12:2-4). 그는 누구보다 오만할 수 있는 사람이었다. 그러나 무엇이 그를 보호했는가? 그의 육체의 가시였다. 그게 무엇이었는지 구체적으로 밝히지 않았기에 함부로 추측하지 않는 편이 나을 것이다. 중요한 것은 그것이 무엇이냐가 아니라 그것이 무엇을 성취했느냐이다. 바울은 이 육체의 가시를 자신의 선척적인 연약함을 기억하라고 하나님이 주신 표지로 생각했기에, 자신의 중요성을 자랑하지 않았고 또 그랬기에 하나님께 계속 의지할 수 있었다.

바울이 말한 거짓 선생들처럼, 우리는 종종 우리의 크고 작은 영향력과 명백한 성공으로 자신의 가치를 평가하려는 유혹을 받는다. 그러나 결국 그런 일시적인 문제들은 잠깐 반짝하고 사라질 것들이다.

하나님의 섭리와 선하심 속에서 바울의 "가시"는 질병이나 경제적 궁핍, 관계의 어려움, 자녀 양육의 고충, 지속적인 죄와의 싸움 같은 우리의 어려움들을 이해하는 데 도움을 준다. 하나님이 우리의 삶에 "가시"와 같은 꼭 필요하지만 불편하고 성가신 요소들을 허락하실 때, 그분은 자신이 무슨 일을 하고 계시는지 아신다. 교만하고 자립적인 불신자가 되는 것보다 가시덤불에 둘러싸인 겸손한 신자가 되는 것이 더 낫다. 영원한 구원을 위해서는 하나님의 은혜가 필요하고, 매일의 삶에서는 하나님의 능력이 필요하다는 것을 잊지 않고 누리려면 자신의 연약함을 알아야 한다. 따라서 문제는 가시가 있느냐 없느냐가 아니다. 그 가시를 통해 하나님만이 우리 은사의 근원이시며 우리를 영적으로 유용하게 하시는 분임을 상기할 것인가의 여부다.

 고린도후서 11장 30절-12장 10절

10월 26일
견고한 신학

"요셉이 그의 형제들에게 이르되 나는 죽을 것이나
하나님이 당신들을 돌보시고 당신들을 이 땅에서 인도하여 내사
아브라함과 이삭과 야곱에게 맹세하신 땅에 이르게 하시리라 하고…
요셉이 백십 세에 죽으매"

(창 50:24, 26)

성경은 개인들의 죽음에 대한 설명으로 가득하다. 우리도 언젠가 자신의 최종적인 죽음이라는 현실에 직면하게 된다. 죽는 날짜를 알려주려고 하나님이 우리를 선택하신 것은 아니지만, 시편 기자는 우리의 모든 날이 시작하기도 전에 하나님의 책에 기록되었다고 말한다(시 139:16). 요셉은 110세까지 살았지만, 그럼에도 불구하고 모든 사람이 그렇듯 자신의 죽음을 받아들여야 했다.

요셉은 자신의 죽음을 알고 받아들였다. 시인 딜런 토머스(Dylan Thomas)의 말을 빌리자면, 꺼져가는 빛에 대한 분노는 없었고[17] 오히려 우리 청교도 선조들이 "좋은 죽음"이라고 부를 만한 죽음이었다.

무엇이 우리가 잘 죽을 수 있도록 하는가? 하나님이 누구셨고 누구신지를 잘 아는 강력한 신학이다. 결국 요셉도 하나님이 평생 공급하며 돌보신 것과 백성에게 주신 그분의 약속의 증거를 떠올리며 믿음을 굳건히 했다. 그는 하나님의 선하심을 믿었기 때문에 죽음을 곧바로 직면할 수 있었다. 그는 두려워하지도 않았고 이기적이지도 않았다. 그는 그림자를 붙잡거나 헛된 희망을 움켜쥐지 않았다. 대신에, 그의 말은 간략했고 그의 가족과 하나님께 집중하고 있었다. 이런 반응은 하나님의 성품과 목적으로 이루어진 세계관에서만 나올 수 있다.

요셉이 그랬듯이 당신도 하나님이 그분의 백성을 구원하시리라고 믿는가? 우리의 삶에서 이 믿음의 증거를 볼 수 있는가? 하나님의 신실하심을 돌아보며, 그간 우리가 겪은 재난과 상처가 어떠했든지 시편 기자처럼 말할 수 있을까? "나의 구원과 영광이 하나님께 있음이여 내 힘의 반석과 피난처도 하나님께 있도다"(시 62:7).

우리를 계속 살아가게 하며, 죽음과 씨름할 때 우리를 위로해 주는 것은 감정이 아닌 견고한 신학이다. 고난의 때, 그때야말로 우리가 아는 것이 진짜임을 굳게 붙들어야 할 때다. 요셉과 그의 인생을 통해 우리는 이 놀라운 진리를 배울 수 있다. 우리를 조직하신 하나님은 우리의 모든 날 동안 모든 발걸음을 명령하신다. 그리고 그분이 백성에게 하신 약속들을 주권적으로 성취하시는 이야기에 우리의 삶을 편입시키신다. 이 하나님을 믿는 믿음으로 우리는 다음과 같이 노래하며 죽음을 맞이할 수 있다.

자비와 심판으로
그분이 내 시간의 그물을 짜셨네.
그리고 아! 슬픔의 이슬은
그분의 사랑으로 반짝였네.
인도하신 그 손을 축복하리.
계획을 세우신 그 마음을 축복하리.
임마누엘의 땅에 영광이 거하는 곳,
그 보좌에 앉을 때.**18**

 시편 62편

10월 27일
예수님께 받아들여지다

"예수께서 보시고 노하시어 이르시되 어린 아이들이 내게 오는 것을
용납하고 금하지 말라 하나님의 나라가 이런 자의 것이니라
내가 진실로 너희에게 이르노니 누구든지 하나님의 나라를
어린 아이와 같이 받지 않는 자는 결단코 그 곳에 들어가지 못하리라 하시고
그 어린 아이들을 안고 그들 위에 안수하시고 축복하시니라"(막 10:14-16)

21세기 사회는 어린이를 그들의 주관적인 자질에 초점을 맞춰 정의하는 경향이 있다. 우리는 아이들을 귀엽고 꼭 껴안아주고 싶은 존재로 생각한다. 때로는 그들이 완벽하며 우주의 중심이라는 잘못된 생각을 하기도 한다. 어린이에 대한 이러한 현대적 견해는 예수님이 "어린 아이들이 내게 오는 것을 용납하라"고 하신 의미를 파악하는 데 방해가 된다.

예수님의 비유의 핵심에는 아이들이 갖는 객관적인 특성이 있다. 아이들은 투표를 하지 않는다. 그들에게는 운전 면허증이 없다. 어른들은 어린아이의 삶이나 그 가족의 삶에서 중요한 일을 결정할 때 그들의 의견을 묻지 않는다. 아이들의 유년 시절은 누군가에게 전적으로 의존하는 시기다. 좀 더 직설적으로 말하면, 어린아이들은 겉으로 드러나는 주장이나 강점이 별로 없는 작고 무력한 존재다.

그러므로 예수님이 어린아이들을 따뜻하게 맞으신 것은 분명 놀라운 일이다. 하지만 하나님이 연약하고 낮은 자들을 들어서 강하게 사용하시는 경우가 종종 있다는 것을 생각하면 그리 놀랄 일만은 아니다. 우리는 우리 자신의 공로나 가치로 천국에 들어가기를 소망할 수 없다. 오히려 하나님 나라는 도움이 필요하고 외롭고 무력한 사람들, 자신의 주장이나 강점이 없는 사람들, 즉 어린아이와 같은 사람들의 것이다.

어린아이와 같다는 것이 무엇을 의미하는지 이해할 때, 우리는 자신의 무력한 상태를 받아들인 후에야 하나님 나라에 들어갈 수 있다는 사실을 알게 된다. 우리는 자신의 능력과 성취를 한가득 거머쥔 손이 아니라 (받을 준비가 된) 빈손으로 그리스도께 나온다. 그리고 놀랍게도 복음은, 연약한 아기의 모습을 한 하나님을 바라보라고 말한다. 따라서 그분의 나라에 들어가는 것은 그분의 겸손한 본을 따르는 사람들만 누릴 수 있다.

오늘 본문에서 예수님이 어린아이들을 받으신 것은 우리의 교만을 무너뜨리고 우리 연약함을 보게 한다. 우리는 자신이 하는 일이 꽤 가치 있다고 여기거나 자신의 지위가 꽤 중요하다고 생각할 수도 있다. 또한 수혜자보다는 후원자가 되기 원한다. 아니면 사람들이 자신을 업신여긴다고 생각하면서(혹은 스스로 자신을 형편없다고 생각하면서), 하나님이 우리와 영원을 함께하기 원하시며 우리에게 무엇이든 주고 싶어 하신다는 말을 듣고 깜짝 놀랄지도 모른다. 우리가 어떤 성격을 가졌든, 혹은 우리의 상황이 어떠하든, 매일 자신의 연약함과 무력함을 인식하여 어린아이 같은 믿음으로 예수님께 나아오라. 이것이, 그리고 이것만이 그분의 나라로 들어가는 길이고, 그분에게 가까이 있는 복을 누리는 길이다.

 누가복음 11장 1-13절

10월 28일

삼가라!

"개들을 삼가고 행악하는 자들을 삼가고 몸을 상해하는 일을 삼가라
하나님의 성령으로 봉사하며 그리스도 예수로 자랑하고
육체를 신뢰하지 아니하는 우리가 곧 할례파라"

(빌 3:2-3)

모든 바울 서신을 통틀어, 오늘 본문 말씀만큼 생생한 표현도 없을 것이다. 그가 살던 시대에 거짓 교사들을 "개"라고 표현한 것은 오늘날보다 더 대담하고 대립을 일으킬 만한 사건이다. 하지만 바울은 단순히 시비를 걸려고 이 단어를 사용한 것이 아니었다. 당시 빌립보 교회 주변에 위험한 사람들이 돌아다니고 있었기 때문에 그는 상당히 걱정하고 있었다.

광신 집단과 거짓 교사들은 거의 항상 기쁨이 없는데, 빌립보에 있던 이들도 다르지 않았다. 그들은 자신이 주장하는 모습과 정반대였고, 구약의 의식법이 진정한 그리스도인에게 반드시 필요한 자격이라고 주장했다. 그들은 주님 안에서 기쁨을 찾은 빌립보 신자들에게 이렇게 질문했다. "외적인 할례 의식을 신경 쓰지 않으면서 진정한 그리스도인이라고 할 수 있는가?" 바울은 이들을 "삼가라"고 경고함으로써 이러한 '첨가된' 기독교를 전하는 것은 진짜 복음을 왜곡하는 것임을 상기시키고자 했다. 복음에 무엇인가를 더하면, 복음에서 기쁨과 심지어 구원까지 빼버리게 된다.

따라서 이 구절에서 "개"라는 단어를 읽을 때 집에서 키우는 사랑스런 애완견을 생각하면 안 된다. 바울은 골든 리트리버를 말하는 것이 아니었다. 쓰레기 더미를 뒤지는 잡종견을, 한번 물리면 큰 화를 미칠 수 있는 그런 개를 생각해보라. 은혜를 받기 위해서는 율법적 요구사항을 충족시켜야 한다고 주

장하는 이 사람들은 그 개들과 똑같이 위험하다는 점을 강조한 것이다. 그들은 그리스도의 죽음과 부활과 승천만으로 충분하다는 진리를 약화시키면서 사람들이 그리스도에게서 관심을 돌리게 만들었다.

바울은 거짓 가르침의 비참한 결과를 지속적으로 경고했다. 바울은 빌립보 교회 성도들을 향한 사랑으로 그들을 자신의 "기쁨이요 면류관"(빌 4:1)이라고 표현하면서, 영광으로 가는 유일한 길에서 그들을 멀어지게 하는 어떤 사람이나 어떤 것도 반대했다. 바울은 그들이 깨어있기를 원했다.

복음은 "최선을 다해라. 그러면 충분하다!"라는 메시지가 아니라 "너의 최선으로는 안 된다. 하지만 예수님으로 충분하다"라는 메시지임을 우리도 쉽게 잊을 수 있다.

그렇지만 여기 좋은 소식이 있다. 우리는 오직 그리스도를 믿는 믿음으로 진정한 "할례"를 받은 자들이다. 즉 진정한 하나님의 백성으로 구별된 자들이다. 이는 우리의 피부를 잘라내서(cut off)가 아니라 그리스도께서 우리를 위해 죽으셨기(cut off) 때문이다. 어떤 세대든 믿음의 외적인 특징들을 주장하며 (암묵적으로든 가시적으로든) 그것들을 지켜야 구원받을 수 있다고 말하려는 사람들이 있다. 하지만 외적인 의례나 종교적인 행위가 우리를 구원하지 못한다. 육체(교회 출석, 매일 성경 읽기, 배우자나 부모, 사역자나 복음전도자 등의 역할들)를 믿지 말라. 그분으로, 그분 한분만으로 충분하다.

 갈라디아서 2장 11-21절

10월 29일
하나님의 은혜를 넓게 펴기

"…룻이 누구에게서 일했는지를 시어머니에게 알게 하여 이르되
오늘 일하게 한 사람의 이름은 보아스니이다 하는지라
나오미가 자기 며느리에게 이르되 그가 여호와로부터 복 받기를 원하노라
그가 살아 있는 자와 죽은 자에게 은혜 베풀기를 그치지 아니하도다…"

(룻 2:19-20)

오늘, 우리는 보이지 않는 하나님을 보이게 할 수 있다.

룻이 곡식을 주우러 들로 나갈 때는 하나님이 어떻게 멋지게 공급하실지 전혀 알 수 없었다. 룻은 이미 하나님 품 안에 있었지만, 그녀는 보아스를 통해 하나님이 그녀의 요구나 생각보다 훨씬 더 풍성하게 주시는 분임을 알게 되었다.

하나님은 이스라엘과 언약을 맺으면서 자신의 사랑을 "고아와 과부를 위하여 정의를 행하시며 나그네를 사랑하여 그에게 떡과 옷을 주시는" 것으로 드러내셨다(신 10:18). 하나님이 그분의 백성에게 율법을 주신 것은 그들을 율법주의자로 만들기 위해서가 아니라, 그들이 그 율법에 순종하는 것을 통해 하나님의 성품을 보여주고 하나님의 이름에 영광을 돌리게 하기 위해서였다. 그 율법의 일부는 어려운 환경에 있는 사람들에게 공급할 틀을 만들었다.

보아스는 율법의 가르침에 따라 룻에게 와서 먹으라고 초청했는데(룻 2:14), 매우 관대한 행위였다. 그는 하나님의 은혜를 받았기에 이제 그것을 다른 사람에게 나눌 차례라는 것을 알았다. 그는 하나님의 명령에 순종하기 위해 문자 그대로 손과 발을 드렸다. 그리고 그 결과 룻은 하나님의 마음을 훨씬 더 선명하게 깨달을 수 있었다. 보아스의 친절함은 관대함과 짝을 이루었다. 그는 룻을 저녁 식사에 초대했을 뿐 아니라 일꾼들 사이에 앉을 자리도 마련해

주었다. 그는 룻에게 배불리 먹으라고 권했으며, 남은 곡식이 아닌 가장 좋은 것을 가져가게 했다. 룻은 사회적으로나 인종적으로 달랐지만, 보아스는 그녀를 소외시키지 않았고 거리를 두지도 않았다. 오히려 정반대였다. 보아스는 하나님의 율법이 정한 것보다 더 베풀었다.

이것은 하나님이 그리스도를 통해 우리를 그분의 하늘 식탁으로 초청할 때 베푸실 환영에 비하면 아무것도 아니다. 그리고 우리는 이것을 그리스도인으로서 삶으로 실천해야 한다. 누군가(과부, 가난한 이, 아픈 자, 슬픈 자)가 교회 모임이나 그리스도인의 집에 들어온다면, 그는 자신이 정성을 다해 받아들여지고 있으며, 이것이 하나님의 백성이 그분의 언약적 보살핌을 구현하는 방식이라는 느낌을 받아야 한다.

저녁 무렵에 룻은 보아스가 지속적으로 베푼 호의에 압도당할 지경이었다. 그녀가 넘치는 선물을 가지고 집으로 돌아왔을 때 나오미는 '인자'(checed, 헤세드, 하나님의 지속적인 사랑과 자비로운 공급하심)라는 단어를 사용하면서 그 관대함을 기뻐했다. 보아스의 '인자' 때문에 룻과 나오미는 '인자'가 풍성한 하나님을 경배할 수 있었다(참조. 출 34:6-7).

보아스의 친절은 그가 하나님으로부터 받은 은혜롭고 관대하고 지속적인 친절에서 나온 것이다. 우리가 주의 보살핌을 받은 자로서, 그것을 다른 사람에게 전하면 그들도 하나님을 알게 될 것이다. 눈에 보이지 않는 하나님이 그분의 백성을 통해 모든 세대에 보이게 된다. 오늘 누구에게 은혜롭고 관대하고 기대하지 못했던 친절을 베풀 것인가?

 룻기 2장 14-23절

10월 30일
하나님의 섭리의 위로

"룻의 시어머니 나오미가 그에게 이르되
내 딸아 내가 너를 위하여 안식할 곳을 구하여 너를 복되게 하여야 하지 않겠느냐
네가 함께 하던 하녀들을 둔 보아스는 우리의 친족이 아니냐
보라 그가 오늘 밤에 타작 마당에서 보리를 까불리라
그런즉 너는 목욕하고 기름을 바르고 의복을 입고 타작 마당에 내려가서"(룻 3:1-3)

하나님은 전지전능하시기에 우리는 담대한 선택을 할 수 있다.

누군가를 보살피는 사람이라면 응당 그렇듯이, 나오미는 과부가 된 며느리 룻이 정착해서 평생 보살핌 받기를 원했다. 그래서 룻을 보아스에게 보내서, 그에게 그녀와 결혼하여 기업 무를 자의 역할을 해달라고 요청하게 했다.

물론 이 오래전 이야기를 읽으면서 현대적인 개념을 대입시켜서는 안 된다. 그 시대에는 그 시대만의 관습이 있다. 하지만 또한 이 이야기는 실제 중동의 한 마을에 살던 사람들이 실제로 하나님을 만나고 그들의 삶을 전적으로 그분께 의탁한 실제 삶이었다는 사실을 기억해야 한다. 그렇기에 배워야 할 영원한 진리가 있다. 무엇보다, 하나님의 섭리가 우리 삶을 주관하시지만 그렇다고 선택하는 우리의 자유가 제한되는 것은 아니라는 사실을 배울 수 있다. 하나님의 전능하심은 나오미의 판단이나 룻의 반응을 방해하지 않았다. 주님은 모든 일을 주관하셨지만 그들의 선택까지 대신하지는 않으셨다.

룻의 이야기는, 우리의 실수로 삶이 꼬일 때에도 하나님은 그것을 우리의 유익과 하나님의 영광을 위해 선하게 사용하신다는 것을 상기시켜준다. 나오미의 남편은 자신의 가족을 약속의 땅에서 하나님의 백성의 대적인 모압 땅으로 이주시키지 말았어야 했다. 그리고 그녀의 아들들은 모압 여인들과 결혼하지 말았어야 했다. 하나님의 율법은 다른 종교를 가진 사람과 결혼하는

것을 금하기 때문이다. 하지만 이런 잘못된 선택들이 룻을 나오미에게 오게 했고 하나님께로 인도했으며, 예수님의 조상으로서 구속사의 대열에 끼게 했다(마 1:1-6). 그렇다고 우리의 내적 반역을 정당화해서는 안 된다. 단지 과거의 실수 때문에 절망할 필요가 없다는 사실을 확신할 뿐이다.

이와 마찬가지로, 당신의 아들을 세상에 보내시고 그분을 믿으라고 사람들을 부르시는 하나님의 전능하신 구속 계획 안에서 우리는 결정을 내리고 행동 방침을 고려할 때 변함없는 확신을 가질 수 있다. 우리는 믿음에 가득 찬 행동을 통해 하나님을 신뢰한다. 나오미는 '하나님이 원하시는 대로 되겠지' 하면서 그냥 집에 앉아서 하나님이 하시기를 기다리지 않았다. 오히려 앞일을 예측해서 룻에게 다음 단계를 밟으라고 격려했다.

하나님의 섭리를 믿는다는 것은, 미래는 우리가 알 수 없으니 될 대로 되라(*Que será, será*, 케 세라, 세라) 노래하면서[19] 그 계획이 어떻게 진행되는지 물러나서 지켜보는 것이 아니다. 오히려 우리는 예수님의 말씀을 인용해야 한다. "내 원대로 마시옵고 아버지의 원대로 되기를 원하나이다"(눅 22:42). 예수님은 이 기도를 드리신 후에 죽기까지 완전한 순종으로 그것을 살아내셨다.

삶의 길은 많은 굴곡이 있겠지만, 하나님의 말씀은 "우리가 알거니와 하나님을 사랑하는 자 곧 그의 뜻대로 부르심을 입은 자들에게는 모든 것이 합력하여 선을 이루느니라"(롬 8:28)고 약속하신다. 이 약속을 굳게 붙들라. 무언가 결정해야 하는가? 어떤 길로 가야 할지 망설이고 있는가? 하나님은 전능하시다. 하나님이 구원하신다. 어떤 결정을 하든, 하나님의 섭리를 믿는 확신 속에서 담대하고 자유롭게 살라.

 사도행전 16장 6-15절

10월 31일
안전지대 밖으로

"보아스가 먹고 마시고 마음이 즐거워 가서 곡식 단 더미의 끝에 눕는지라
룻이 가만히 가서 그의 발치 이불을 들고 거기 누웠더라
밤중에 그가 놀라 몸을 돌이켜 본즉
한 여인이 자기 발치에 누워 있는지라"

(룻 3:7-8)

그리스도인의 삶은 안전지대에서 영위되지 않는다.

룻기 3장에서는 룻이 자신을 아내로 삼아달라고 요청하기 위해 보아스에게 위험을 무릅쓰고 다가가는 모습을 보게 된다. 과부였던 룻은 수확을 기념해 열린 잔치가 끝난 후 남자들이 모여 잠들어 있던 헛간으로 한밤중에 갔다. 보아스가 잠이 들자, 그녀는 어둠을 헤치고 그의 발치로 갔다. 그녀가 실수를 하거나 발각되기라도 한다면 이 남자들이 그녀에게 무슨 짓을 저지를지, 혹은 그녀의 동기에 대해 사람들이 무슨 말을 할지 모를 일이었다.

이 사건은 21세기의 우리 눈으로 보면 이상해 보이지만, 룻이 했던 이 이상한 행동은 그녀가 하나님의 보살핌과 보호를 진지하게 신뢰하고 있음을 보여 준다. 하나님은 보아스가 룻을 위한 기업 무를 자(보호자이자 공급자)가 될 수 있다는 것을 율법에 명시해 놓으셨다. 하나님은 섭리적으로 룻을 보아스의 밭으로 인도하셨고 그곳에서 그녀에게 은혜를 베푸셨다. 룻의 이야기는 하나님이 당신의 영광과 자기 백성의 안녕을 위해 모든 예측할 수 없는 상황을 섭리적으로 통치하고 계심을 반복해서 보여준다.

살다 보면 우리도 룻처럼 한 치 앞도 내다볼 수 없는 상황에 맞닥뜨릴 때가 있다. 많은 사람이 모든 세부적인 것들을 분명하게 알게 될 때까지 대기실에 머물려는 유혹을 받는다. 우리는 안전하기를 원하고 모든 상황을 통제하기를

원한다. 하지만 그런 느낌이 들 때까지 움직이지 않으려고 고집한다면, 우리 삶은 영적 진보를 이룰 수 없을 뿐 아니라 하나님의 기적적인 역사를 목도할 수 없다. 잘못된 방향으로 갈까 봐 두려워하는 마음 때문에 아무 데도 가지 않으려고 하는 것이다.

삶에서 한 치 앞도 내다볼 수 없거나 불확실한 시기가 찾아오면(그런 날은 반드시 올 것이다!) 하나님을 신뢰하며 말씀의 진리에 근거해서 행동하고 성령님의 인도하심을 신뢰해야 한다. 룻의 계획은 실패할 확률이 없는 확실한 계획이 아니었다. 하지만 그녀는 하나님을 신뢰했기에 그 계획을 밀어붙였다. 하나님은 룻에게 그 신실함을 반복해서 증명하셨다.

우리도 이런 식으로 생각해야 하지 않겠는가? 안전지대의 경계를 넘어 하나님이 부르시는 곳을 바라봐야 하지 않겠는가? 룻의 동기가 신뢰와 순종이었다면, 우리의 동기는 무엇이겠는가? 지금 이 순간 자신의 삶에서 믿음을 말해야 하는 영역은 어디인가? 내려야 할 어떤 결정일 수도 있고, 가야 할 장소일 수도 있고, 모험일 수도 있으며, 그 의미를 다 알지 못한 채 나눠야 할 대화일 수도 있다. 이때 우리가 할 수 있는 말은 이것이다. "이게 어떻게 진행될지 전혀 알지 못하지만, 하나님이 하라고 하시는 일은 분명하다." 이런 상황에서 하나님의 말씀은, 우리를 위해 죽으셨고 "세상 끝날까지 너희와 항상 함께 있으리라"(마 28:20)고 약속하신 분을 신뢰하면서 지혜롭게 한 걸음 한 걸음 믿음으로 나아가라는 것이다. 자신의 삶을 안전지대에 맡기지 말고 그분의 섭리의 손길에 맡기라.

 룻기 3장

" 10월 한 달간 말씀과 동행한 기록을 남겨주세요."

November

11월

11월 1일
기업 무를 자

"…나는 당신의 여종 룻이오니
당신의 옷자락을 펴 당신의 여종을 덮으소서
이는 당신이 기업을 무를 자가 됨이니이다 하니"

(룻 3:9)

모든 차이를 만드는 진리가 여기 있다. 우리에게는 기업 무를 자가 있다는 사실이다.

룻기 2장은 보아스가 먼 친척이고 "우리 기업을 무를 자 중의 하나"(룻 2:20)라고 밝히면서 끝난다. 룻의 이야기가 시작되기 오래전에, 하나님은 구속사를 통해 룻만이 아니라 당신의 모든 백성에게 영향을 주게 될 관습을 이미 세워놓으셨다.

이 이야기의 문맥과 기쁨을 이해하려면 두 개의 오래된 구약 관습인 '수혼법'(levirate)과 '기업 무를 자'(goel, 고엘) 제도를 알아야 한다. 수혼법은 이스라엘의 재혼 관습을 규제하는 것으로, 남자가 죽었을 때 그의 이름과 가계가 끊기거나 타인에게 이양되어 취약해지지 않게 하려는 것이었다(신 25:5-10). 반면 '고엘'(goel)이라는 단어는 '회복하다', 혹은 '구원하다'라는 뜻을 가진 히브리어 동사로서 "기업을 무를 자"라고 번역하는 경우가 많고 이것이 가장 최선의 번역이다. 모세 율법은 이 책임을 레위기 25장에서 설명하는데, 특정한 상황에서 안 좋은 일을 겪은 가족 구성원을 보살피고 부양할 친척을 제공하는 제도다. 이 기업 무를 자는 그의 친척을 부양하고 그 땅을 보호하기 위해 필요한 모든 일을 할 책임을 가졌다.

보아스는, 취약하고 도움이 절실한 나오미와 룻을 보살피고 부양하면서 이 두 관습을 기꺼이 수행했다. 보아스는 예수님의 조상에 속한 사람이었을 뿐아니라, 우리의 기업 무를 자로 오시는 그리스도를 예표했다.

롯이 절실한 필요 속에서 보아스의 보살핌에 의지하여 그의 발치에 자신을 던진 것처럼, 우리도 그리스도의 자비를 구하며 그분의 발치에 우리를 던진다. 그러면 보아스가 룻을 대했듯이, 그리스도께서는 언약의 피를 덮은 채 회개하며 그분께 나아오는 모든 죄인을, 평화와 안전과 만족이 있는 그분의 날개로 품으시고 환영하신다(시 91:4). 그분은 우리의 슬픔을 달래시고 두려움을 진정시키시며 우리의 눈물을 닦아주신다. 룻은 한 푼도 없는 이방인으로서 보아스에게 나아갔고, 그가 부어준 모든 복으로 부유하게 되었다. 우리는 영적 빈털터리로 예수님께 나아가고 그분과 함께 '상속자'가 된다(롬 8:17). 보아스가 룻을 취해 자신의 신부로 삼았듯이, 그리스도께서는 우리를 취해 그분의 신부로 삼으신다(계 19:7-8).

성경에는 백성들이 자신의 필요를 알기도 전에 하나님이 그들의 필요를 채우시고 예비하신 예가 가득하다. 룻만이 아니라 그분의 모든 백성을 위한 하나님의 구원 계획은, 기업 무를 자의 역할이 세워졌을 때부터가 아니라 태초부터 세워져있었다(엡 1:3-7).

오늘, 예수님이 교회의 신랑이시며 기업 무를 자이심을 확신하며 안심하라. 그분은 우리를 보살피고 부양하시며 우리를 그분의 영원한 약속의 땅으로 안전하게 데려가기 위해 필요한 모든 것을 할 책임을 가지셨다. 이것을 확신하며 안심하라. 안팎으로 당신을 괴롭히는 일이 무엇이든, 그분의 날개 아래서 안전하다는 것을 확신하며 안심하라.

 시편 57편

11월 2일
옳은 일을 하기로 결심하기

"보아스가 장로들과 모든 백성에게 이르되
내가 엘리멜렉과 기룐과 말론에게 있던 모든 것을
나오미의 손에서 산 일에 너희가 오늘 증인이 되었고
또 말론의 아내 모압 여인 룻을 사서 나의 아내로 맞이하고…"
(룻 4:9-10)

　살면서 맞닥뜨리는 다양한 상황 속에서 우리가 매일 스스로에게 물어야 하는 질문은 "내가 해야 할 옳은 일은 무엇인가?"이다. 이것이 보아스가 성문으로 가려고 결심했을 때 고려했던 것이다. 그는 기업 무를 자로서 룻과 결혼하여 그녀의 필요를 채우고 보호하기를 원했다. 하지만 그는 자신보다 그 역할을 맡을 수 있는 더 가까운 친척이 있다는 것을 알았다. 보아스는 정직한 사람이었기에, 룻이 타작마당에서 그에게 구애했을 때 감정에 휩싸여 물불을 가리지 않고 달려들지 않았다. 그는 합법적으로 룻을 얻고자 했다.
　보아스는 자신의 평판보다 옳은 일 하기를 더 우선시했다. 그는 외국인과 결혼하기 위해 가장 공적인 장소(성문)로 갔다. 외국인과의 결혼은 잠재적으로 그의 평판과 유산에 해를 끼칠 수 있었다. 그의 더 가까운 친척은 이 위험 부담을 떠안지 않으려 했다(룻 4:6). 이 사람은 성경에 그 이름도 기록되어 있지 않다. 여기서 우리는 교훈을 얻는다. 우리는 자신의 이름을 높이고 지키기 위해 스스로 애써서는 안 된다. 그저 옳은 일을 하려고 애쓰면 된다. 그러면 다른 사람이 우리를 칭찬하고 우리 이름을 높일 것이다.
　보아스가 한 말을 보면, 그의 동기 중 하나가 "그 죽은 자의 기업을 그의 이름으로 세우는" 것(룻 4:10), 즉 나오미의 죽은 남편인 엘리멜렉의 가족을 계속 이어지게 해서 그 이름을 보존하는 것이었음을 알 수 있다. 이는 매우 이타적인 행위이며, 아주 인상적이다. 보아스가 자신과 자신의 욕망에만 집중하는 사람이었다면, 재빨리 룻만 아내로 취했을 것이다. 그러나 그는 그렇게 하는 대신 자신의 책임을 다 수행했고 그 상황을 공개적으로 드러냈다. 당시에는 기업 무를 자의 명의를 바꿀 때 공개석상에서 신발을 바꾸는 관습이 있었다(7절). 이러한 교환은 무언가 더 큰 것, 즉 룻에 대한 보아스의 헌신과 사랑과 개인적인 희생을 상징했다. 이와 비슷하게, 십자가는 공개적으로 서 있고 우리는 거기서 우리를 위한 그리스도의 헌신과 사랑과 희생을 본다. 보아스는 룻과 결혼하기 위해 경제적인 대가를 치렀다. 그리스도께서도 우리를 구원하고 사랑스런 신부로 맞이하기 위해 자신의 목숨을 대가로 치르셨다.

이러한 두 희생(보아스와 그리스도의 희생)은 엄청난 상급과 유산과 함께 미래와 소망을 주었다. 보아스는 젊은 모압 여인과 그녀의 시어머니를 얻었고, 그리스도께서는 전 인류를 얻었다. 보아스가 옳음을 추구하여 결혼함으로써 결국 우리 구세주의 탄생으로까지 족보가 이어졌고 그는 온 역사에서 중요한 역할을 하게 되었다(마 1:5). 그리고 그리스도의 희생 덕분에 우리는 영광 중에서 그분의 얼굴을 뵙고 그분의 이름을 영원히 찬양할 그날을 기대하게 되었다. 우리의 신랑이 오셔서 자신을 희생하는 대가를 치르고 정당한 방법으로 우리를 얻으셨다. 보아스가 자신의 신발을 주었고, 룻과의 결혼을 확실히 했다는 소식을 들었을 때, 룻이 얼마나 기뻤을지 상상해보라. 십자가를 보면서 우리가 그리스도의 소유가 되었음을 알 때 우리의 기쁨도 이와 비슷할 것이다. 매일의 결정과 어려움 앞에서 우리도 보아스의 모범을 따라 이렇게 질문해야 한다. "내가 해야 할 옳은 일은 무엇인가?"

 룻기 4장 1-12절

11월 3일
헌신의 언약

"성문에 있는 모든 백성과 장로들이 이르되
우리가 증인이 되나니…
이에 보아스가 룻을 맞이하여 아내로 삼고 그에게 들어갔더니
여호와께서 그에게 임신하게 하시므로 그가 아들을 낳은지라"

(룻 4:11, 13)

성경 시대의 성문은 지역 활동의 중요 거점으로서 시장이자 관청의 역할을 했다. 상인들, 걸인들, 도시 공무원들, 종교 지도자들 및 그 외의 많은 사람이 그곳에 모여 장사를 하고 법을 집행하며, 구호금을 받고 쇼핑을 하고 사회생활을 했다. 보아스가 룻과 결혼하겠다는 다짐을 공개적으로 발표하기 위해 간 곳도 바로 사람들로 붐비는 이곳이었다. 이들의 결혼을 보면 성경이 정의하는 결혼이 무엇인지 이해하는 데 도움이 된다.

첫 번째로, 성경적 결혼은 '헌신적인 사랑'이 포함되어야 한다. 그런 사랑은 단순히 감정이나 상황에 기반을 두지 않고 인생의 모든 국면과 상황을 통해 더 깊이 뿌리내리며, 무조건적이다. 이것은 오늘날 교회에서 결혼 예식에 사용하는 맹세에 반영되어 있다. 좋을 때나 나쁠 때나, 부유할 때나 가난할 때나, 아플 때나 건강할 때나 사랑하겠다고 서약한다.

두 번째로, 결혼은 '헌신적인 증인들'이 필요하다. 한 남자와 한 여자가 결혼할 때, 그들은 사랑과 보호라는 언약 아래 하나가 된다. 오류투성이 인간인 우리가 이 언약을 잘 지키기 위해서는 다른 사람의 도움이 필요하다. 이런 이유로 결혼 예식은 새로운 가족, 새로운 연합의 형성을 증명하기 위해 적어도 한 사람 이상의 증인이 있어야 한다. 보아스는 성문에서 이것을 실천한 것이다. 수많은 사람과 마을의 장로들이 룻을 아내로 취하겠다는 그의 맹세의 증

인이 되었다. 그래서 그들은 보아스가 스스로 한 말을 지키도록 도울 수 있었다.

세 번째로, 경건한 결혼은 '헌신적인 교감'을 가져야 한다. 하나님은 결혼을 통해 우리가 그분의 사랑하는 신부로서 그분과 경험하게 될 더욱 깊은 친밀감을 미리 맛보게 하셨다. 남편과 아내 사이의 인격적인 관계는 다른 무엇보다도 성적 친밀감을 통해 결혼 생활 내내 깊어져야 한다. 이러한 육체적 연합은 헌신적인 사랑과 공적으로 인정된 관계라는 맥락 안에서 일어나야만 한다. 육체적 연합을 감정적이고 심리적이고 영적이고 지적인 측면으로부터 분리하는 것은 하나님의 계획을 모욕하는 것이다.

사랑과 결혼에 대한 세상의 인식은 많은 부분 성경과 대조적이다. 성경은 신뢰와 충성과 헌신에 기반한 이성 간 일부일처제 결합의 아름다움과 유익을 말한다. 이 언약의 각 측면이 발현되는 것을 볼 때 교회의 신랑이 되시는 예수님의 헌신이 얼마나 풍성할지 짐작할 수 있다(엡 5:22-27). 기독교의 결혼은 축복 그 자체이며, 그보다 훨씬 더 큰 실재의 묘사다. 천상의 위대한 결혼을 제외한 어떤 결혼도 완벽하지 않지만, 믿는 자들 간의 모든 결혼은 그 천상의 결혼을 닮아가고자 애쓴다. (우리 자신의 결혼이든 아니면 주변의 결혼이든) 결혼에 대해 생각하고, 말하고, 기도하고, 행동하는 방식에 있어서 성경적 정의를 견지하고 그것을 살아내고자 하라.

 아가서 6장 4-12절

11월 4일

일상 속 영광

"여인들이 나오미에게 이르되 찬송할지로다
여호와께서 오늘 네게 기업 무를 자가 없게 하지 아니하셨도다
이 아이의 이름이 이스라엘 중에 유명하게 되기를 원하노라
이는 네 생명의 회복자이며 네 노년의 봉양자라…
나오미가 아기를 받아 품에 품고 그의 양육자가 되니"(룻 4:14-16)

아기를 품에 안고 기뻐 어쩔 줄 몰라하는 조부모의 모습은 드문 장면이 아니다. 하지만 나오미가 지나온 삶과 이 가족의 미래를 생각하면 이 장면이 매우 특별해진다.

외국에서 남편과 아들들을 장사지낸 나오미는 빈손으로 슬픔에 가득 차 베들레헴으로 돌아왔다. 그런 그녀의 삶이 이제 다시 한번 기쁨과 소망으로 가득 차게 되었다. 그녀의 노년에 생명과 활기를 가져다줄 가족의 미래가 품에 안겨 있다. 이 장면에서 그 아기는 그녀에게 자유, 즉 구원이었다. 그런데 성육신의 측면에서 이 평범한 장면을 돌아보면, 보다 놀라운 소식을 전하고 있음을 알게 된다. 하나님이 이 두 명의 힘없는 과부를 은혜로 보살피신 결과, 모든 이스라엘(실제로는 모든 인류)이 도움을 얻었다. 하나님은 룻을 통해 다윗 왕과 예수 그리스도께서 나오게 될 가문을 이어가셨다.

왕 중의 왕이요, 주 중의 주이신 예수님조차도 일상의 평범함 속에 들어오셨다. 그분도 누군가의 무릎에 눕혀지셨다. 그분에게도 평범한 육신의 부모가 있었다. 그분은 위대한 왕궁이 아닌 동물의 헛간에서 태어나셨다. 그분의 승리는 정복자의 보좌가 아닌 죄인이 지는 십자가를 통해서 왔다. 이것은 대부분의 사람들이 성육신한 전능하신 하나님께 기대하던 모습이 아니었다. 동방박사들이 처음에는 궁전에서 예수님을 찾았던 것처럼(마 2:1-3), 우리도 잘

못된 곳에서 그분을 찾을 때가 많다. 또 그러다 보면 기쁨과 만족보다는 쓰라린 감정으로, 즉 "나오미"보다는 "마라"(롯 1:20)로 끝나게 될 위험이 있다.

하나님의 영원한 계획은 일상 속에서 펼쳐진다. 보통 사람들이 일상적인 장소에서 일상의 일을 하는 가운데 펼쳐진다. 당신이 평범한 삶을 살고 있다면 힘을 내기 바란다! 역사에 조금의 흔적이라도 남기는 사람은 매우 드물다. 당신이 매일 평범한 일을 하며 평범한 아이를 키우는 평범한 어머니든, 매일 똑같은 옛날이야기를 들려주는 평범한 할아버지든, 매일 숙제를 하고 활동을 하는 평범한 학생이든(어떤 종류의 평범한 사람이든), 하나님의 영광은 우리 주변에서 얼마든지 발견될 수 있다. 그리고 우리가 그 평범한 일들을 성실하게 해낼 때 그것은 하나님의 은혜로 복음을 위한 특별한 도구가 될 수 있다.

많은 것을 해내지 못한다는 느낌이 들 때(특별한 것이 없다거나 자신이 하나님의 목적 밖에 있다는 사탄의 거짓말이 믿어지려고 할 때) 이것을 기억하라. 인간의 업적과 말과 지혜가 사라진 지 오랜 후에 우리는 알게 될 것이다. 하나님이 우리 안에서, 우리를 통해 역사하여 보이신 신실함과 온유함과 충성과 사랑과 친절이 사람들의 삶에 얼마나 극적으로 영향을 주었는지를! 이것이 나오미 이야기의 놀라운 점이자, 모든 역사의 놀라운 점이다. 하나님의 특별한 영광이 일상에서 역사한다. 이 진리가 하루를 대하고 느끼고 살아가는 우리의 방식을 바꿀 수 있다.

 룻기 4장 13-21절

11월 5일
역사의 신비

"그의 이웃 여인들이 그에게 이름을 지어 주되
나오미에게 아들이 태어났다 하여
그의 이름을 오벳이라 하였는데
그는 다윗의 아버지인 이새의 아버지였더라"

(룻 4:17)

역사는 중요하다. '우리의' 역사는 중요하다.

우리가 지금의 모습이 된 것은 많은 부분, 우리의 부모와 조부모 등의 영향 때문이다. 우리는 어쩔 수 없이 가계(家系)의 산물이며, 그래서 결과적으로 우리는 하나님의 섭리를 보여주는 살아있는 증거다. 하나님의 섭리로 우리는 지금 이 장소에 있다.

룻이 나오미의 손자 오벳을 낳았을 때는 성경의 기록(오벳이 위대한 다윗왕의 조상이 된다는 것과, 따라서 결과적으로 예수님의 조상이 된다는 것)을 알 수 없었다. 하지만 물론 하나님은 아셨다. 우리는 여기서 하나님의 구원 계획이 역사하고 있음을 본다. 룻과 그녀의 가족은 맹목적인 힘을 붙들었던 것도 아니고 우연의 바다에 휩쓸렸던 것도 아니다. 오벳의 탄생은 하나님이 보호하시고 통치하시고 공급하신다는 사실과 하나님은 우리 삶의 굴곡과 수많은 선택들 배후에서 당신의 목적을 이루어가신다는 사실을 보여주는 또 하나의 지표다.

이것은 모든 역사의 신비다. 하나님은, 분산되어 있고 개별적이던 우리 과거의 모든 요소들을 한데 엮어서 지금 우리의 모습으로, 그리고 지금 우리가 있는 곳으로 우리를 인도하신다. 아기처럼 우리도 우리에게 무슨 일이 일어나는지 전혀 인식하지 못할 때, 하나님은 은혜와 자비로 우리에게 공급하고 계셨다. 어머니를 통해 우리를 먹이셨고 가족이나 친구들을 주셔서 우리를 돌봐주셨고 우리를 방문하는 조부모도 주셨다.

우리가 잉태된 순간부터 지금까지, 가장 어두운 날들을 지날 때조차도 하나님은 우리를 지키셨고 인도하셨다. 우리는 분자들이 무작위로 모여서 이루어진 존재가 아니다. 우리는 신의 작품이고, 하나님은 우리 각 사람을 돌보신다. 그뿐 아니라 우리는 하나님에 의해 구원받았다. 태초부터 하나님은 개인과 가족을 통해 일하시고 그분 자신의 백성을 모으셨다. 창세기부터 계시록까지 우리는 이 구속적이고 영원한 목적을 엿볼 수 있다. 모압 여인인 룻이 이 구원받은 가족에게 접붙인 것은 하나님의 전능하고 포괄적인 자비를 증명해준다. 하나님은 룻과 보아스의 예상 밖의 결혼을 사용하셔서 다윗왕과 예수 그리스도의 족보를 만들어내셨다.

룻과 같은 예를 보며, 우리는 하나님이 하시는 일을 더욱 신뢰하게 된다. 나라에서 일어나는 영광스런 일들과 비극적인 일들, 개인의 삶에서 일어나는 기쁨과 슬픔, 가족의 삶에서 경험하는 고통과 실망들은 인간 역사나 개인적 삶의 차원이 아닌 하나님의 계획의 일부로서 궁극적인 의미를 갖는다. 우리는 이 사실을 더욱 담대하게 말할 수 있어야 한다. 하나님은 사랑이 많으시고 거룩하시고 인격적이시고 무한하시며, 창조주이자 구원자이시며, 지탱하는 분이시면서 통치자이심을 스스로 알려주신다. 그분은 우리를 그 위대한 구원 이야기 안으로 끌어오셨다. 이 이야기는 영원히 계속될 유일한 이야기다.

이것은 좋은 소식이다! 상황이 어렵고 의심이 짙어질 때 이 사실은 우리 영혼의 양분이 된다. 곧 하나님은 우리 안에서 행하시는 일을 결코 그만두지 않으실 거라는 확신이다. 이것이 삶에 의미를 준다.

 마태복음 1장 1-18절

11월 6일

확신을 찾아서

"어떤 사람이 주께 와서 이르되
선생님이여 내가 무슨 선한 일을 하여야 영생을 얻으리이까…
예수께서 이르시되 네가 온전하고자 할진대 가서 네 소유를 팔아 가난한 자들에게 주라
그리하면 하늘에서 보화가 네게 있으리라 그리고 와서 나를 따르라 하시니
그 청년이 재물이 많으므로 이 말씀을 듣고 근심하며 가니라"(마 19:16, 21–22)

천국에 들어가려고 종교적 규범과 규례를 지키는 것은 평화나 안전감, 용서에 대한 확신을 주지 못한다. 또 그런다고 영원한 생명을 얻는 것도 아니다. 이 젊은 청년이 예수님께 와서 용기를 내어 이 질문을 한 것은 용서에 대한 확신이 없었기 때문이다. 그는 부자였다. 누가는 그가 관원으로서 세력과 영향력이 있는 인물이었다고 덧붙인다(눅 18:18). 그는 세상이 우러러보며 복 받은 사람이라고 여기는 그런 사람이었다. 그뿐 아니라 그는 하나님의 율법을 지키는 것에도 진지했다(마 19:20). 아마 우리도 그를 보면 이렇게 생각할 것이다. '영생을 얻는 사람이 있다면 바로 이런 사람이겠지.'

그래서 이 사람은 아마도 자신이 힘써 율법을 따르는 것에 대해 예수님이 칭찬하시거나 천국의 상급을 보장해주실 거라 기대했을 것이다. 하지만 예수님은 그가 하나님의 율법을 완벽하게 지킨 것이 아니라고 부드럽게 지적하셨다. 사실 이 청년은 첫 계명을 어기고 있었다. 즉 마음과 뜻과 힘을 다해 하나님을 사랑하는 대신 자신의 부를 숭배하고 있었다. 주님과 돈 중에서 선택하라는 요청을 받았을 때 그가 예수님을 '떠났다'는 사실이 그 증거다. 예수님은 이 사람에게, 하나님의 명령은 그분의 승낙을 받아내기 위해 올라가야 할 계단이 아니라 우리의 진짜 영적 상태를 드러내는 거울임을 보여주셨다.

젊은 관원은 아주 핵심적인 마음의 문제를 갖고 있었다. 그것은 우리의 문

제이기도 하다. 성경은 우리가 하나님과 불화 속에서 태어났고 그래서 스스로는 그분과 바른 관계를 맺을 수 없다고 말한다. 우리는 하나님보다 다른 것들을 사랑하기에 온 마음을 다해 하나님을 사랑하지 '않는다.'

젊은 관원은 마땅히 하나님의 율법에 순종하고 그분을 사랑해야 했지만 그렇게 하지 못했다. 우리도 그렇다. 오직 예수님 외에는 그 누구도 하나님을 온전히 사랑하고 그분의 명령을 완벽하게 지킬 수 없다. 그러나 이것은 사실 복음이다! 구원은 우리와 우리가 하는 일에 달려있지 않다. 평화와 안전과 용서와 하나님 앞에 바로 서는 것은 오히려 우리가 하나님의 자비에 우리 자신을 온전히 던질 때 온다. 즉 하나님이 주시는 구원은 거저 주시는 선물로서, 우리가 얻어내거나 돈으로 살 수 없음을 받아들일 때 받을 수 있다. 예수님이 십자가에서 우리를 위해 죽으심으로써 우리에게 주어진 구원을 겸손함과 감사함으로 무릎 꿇고 받아들일 때 받을 수 있다.

젊은 관원은 예수님을 떠나지 않을 수도 있었다. 만약 그가 자만심과 스스로 할 수 있다는 생각을 버렸다면, 자신의 선함을 신뢰하고 자신의 부에 의지하면서 지속적으로 슬퍼하는 대신 예수님을 첫 자리에 놓는 기쁨을 맛보았을 것이다. 자신을 신뢰하는 것은 그분께만이 아니라 우리에게도 늘 헛됨을 증명할 뿐이며 걱정만 만든다. 하지만 어린아이와 같은 믿음과 신뢰로 구세주께 나아간다면 진정한 평화와 영생의 확신을 경험할 수 있다. 그러니 예수님을 당신의 보좌에 모시고 당신이 가진 모든 것을 그분을 위해 사용할 준비를 하라. 빈손으로 예수님께 나아와 그분이 주시는 기쁨과 생명을 맛보라.

 마태복음 19장 16-30절

11월 7일
거룩한 성

"또 내가 보매 거룩한 성 새 예루살렘이
하나님께로부터 하늘에서 내려오니…"

(계 21:2)

하나님은 성육신하심으로 하늘에서 내려와 우리에게 오셨다. 그리고 종말의 때에 거룩한 도성인 새 예루살렘도 하나님께로부터 하늘에서 내려올 것이다.

하나님은 모든 세대, 모든 장소에서 온 신자들, 즉 우리와 같은 사람들로 구성될 새 예루살렘을 만들고 계신다. 우리는 서로 완벽하게 조화를 이루며 살아가는 시민들이 될 것이다. 하나님의 얼굴이 우리 바로 앞에 있을 것이고 우리는 그분의 것이라는 표를 받을 것이다(계 22:4). 모든 나라와 족속과 백성과 방언에서 셀 수 없이 많은 사람이 나와 거대한 무리를 이룰 것이다(계 7:9).

사도 요한이 이렇게 거대한 무리를 묘사한 것은 당시 교회들에게 소망을 주고 격려하기 위해서였는데, 우리에게도 역시 소망과 격려가 된다. 초대교회는 아주아주 수가 적었다. 인간의 기준으로 보면 너무나 하찮았는데, 역사상 믿는 자들의 숫자는 대체로 그러했다. 하지만 요한은 실제로 교회는 우리의 상상보다 훨씬 더 크고, 광대하고 더 중요하다고 말한다. 왜냐하면 그 구성원들은 새 예루살렘의 시민이며, 지금도 계속해서 그곳을 향해 순례하는 이들이 이어지고 있기 때문이다.

언젠가 그 도시에서 수없이 많은 신자가 함께 예배할 것이고, 우리는 하나님이 아브라함에게 하신 약속이 완전히 성취되는 것을 목격할 것이다. "그를 이끌고 밖으로 나가 이르시되 하늘을 우러러 뭇별을 셀 수 있나 보라 또 그에게 이르시되 네 자손이 이와 같으리라"(창 15:5).

지금 창조세계는 분열과 부조화로 가득하다. 우리는 언어와 민족과 문화로 나뉘어져 있다. 고대에는 적대감으로, 최근에는 의심으로 분리되어 있다. 하지만 언젠가는 이 모든 것이 바뀔 것이다. 하나님은 새로운 공동체를 만들고 계신다. 그것은 하나님의 통치와 다스림을 받는 수많은 인종과 수많은 문화로 이루어진 도시다. 하늘이 땅으로 내려오고 그리스도의 사람들이 다시 살아나 그곳에 함께 모일 때, 우리는 주 예수 그리스도의 복음으로 연합하게 될 것이다. 복음은 모든 나라를 위한 것이기 때문이다.

그날을 상상할 수 있는가? 물론 완전히 상상할 수는 없을 것이다. 하지만 삶의 시련과 압박을 헤쳐나가게 하고, 삶을 머뭇거리게 만드는 모든 것을 날려버리기에는 충분할 것이다(히 12:1-2). 이 세상은 우리의 고향이 아니다. 언젠가 하늘의 도성이 내려올 것이고 그곳이 우리의 고향이 될 것이다. 언젠가 요한이 환상으로 본 것을 실제로 볼 것이고, 우리는 고향에 있게 될 것이다.

 요한계시록 22장

11월 8일
유혹을 이기는 싸움

"죄가 너희를 주장하지 못하리니
이는 너희가 법 아래에 있지 아니하고
은혜 아래에 있음이라"

(롬 6:14)

그리스도인이라고 해서 절대 유혹을 받지 않는 것은 아니다. 사실 나이가 들수록 더 자주, 오래된 동일한 유혹들이 (종종 새로운 모습으로 가장하고) 우리 발꿈치를 물어 무너뜨리려고 기다리는 것을 본다. 그리고 그게 전부라면 좋겠지만, 많은 경우 새로운 유혹들을 무더기로 데리고 오곤 한다!

그렇다. 유혹은 피할 수 없는 실재다. 하지만 왜 그럴까?

첫 번째 이유는, 우리를 하나님과 화해시키는 그 은혜가 우리를 사탄과 대적이 되게 하기 때문이다. 성경은 우리가 그리스도를 믿기 전에는 사탄이 우리를 친구라고 설득했다고 말한다. 하나님의 은혜로 우리가 그분의 친구가 되면, 이제 자동으로 그분의 큰 대적과는 원수가 된다. 그리고 사탄은 하나님이 그분의 백성을 구원하는 것은 막지 못하지만, 구원받은 우리를 괴롭힐 수는(말하자면 유혹할 수는) 있다.

두 번째로, 거듭나면 죄가 더 이상 우리를 주장하지는 못하지만 계속해서 싸움을 걸 수는 있다. 그리고 그중 가장 큰 무기가 유혹이다. 우리는 세상에 의해 유혹을 당한다. 세상의 모든 것이 우리에게 이렇게 말한다. "이걸 얻으면 행복해지고 즐겁게 살게 될 거야." 우리는 또한 육체로 인해 유혹을 당한다. 우리의 악한 옛 성품(현재의 삶에 아직 남아있는)은 그리스도를 믿고 난 이후에도 우리의 새 자아에게 대항해 치열한 후방 전투를 벌인다.

하지만 사탄의 호소가 제아무리 강해도(사실 매우 강하다) 그것 자체로는 우리를 유혹에 빠지게 할 수 없다. 사탄은 우리에게 세상을 가져다줄 힘은 있지만 죄를 짓게 할 힘은 없다.

그러니 직면한 유혹에 두려워서 마비되거나 현실에 안주하지 말라. 유혹과 싸울 때 질 것을 걱정할 필요가 없다. 하나님은 이미 승리를 선언하셨다. 요한은 이렇게 말한다. "이는 너희 안에 계신 이가 세상에 있는 자보다 크심이라"(요일 4:4). 전쟁은 끝났고 승리는 확실하다. 싸움은 계속될 수 있지만, 그것들은 전쟁의 궁극적인 결과에 영향을 미칠 수 없다.

요즘 어떤 유혹과 싸우고 있는가? 혹은 어떤 유혹에 지고 있는가? 시간을 내어 그것들의 이름을 적어보라. 그리고 오늘 이 진리를 붙들라. 유혹이 제아무리 강력해도 사탄은 이미 패배했고 예수 그리스도께서 승리하여 다스리신다! 우리 안에 있는 그분의 능력으로 우리는 유혹과 충분히 싸울 수 있다. 또한 우리를 위한 예수 그리스도의 죽음은 하나님이 우리를 용서하시기에 충분하다!

 로마서 6장 1-14절

11월 9일

산을 옮길 만한 믿음

"예수께서 그들에게 대답하여 이르시되 하나님을 믿으라
내가 진실로 너희에게 이르노니 누구든지 이 산더러 들리어 바다에 던져지라 하며
그 말하는 것이 이루어질 줄 믿고 마음에 의심하지 아니하면 그대로 되리라
그러므로 내가 너희에게 말하노니 무엇이든지 기도하고 구하는 것은 받은 줄로 믿으라
그리하면 너희에게 그대로 되리라"(막 11:22-24)

성경을 읽다 보면 직접적이고 금방 이해하기 쉬운 구절들이 있다. 반면 오늘 본문 같은 구절들도 있다!

예수님은 "무엇이든지 기도하고 구하는 것은 받은 줄로 믿으라 그리하면 너희에게 그대로 되리라"고 말씀하신다. 우리는 본질적으로 이런 말씀이 뜻하는 바를 회피하려는 유혹을 받는다. 백 가지 단서들을 내걸며 그 의미를 묻어버리려고 한다. 이런 구절을 잘못 적용하는 것이 너무 무서운 나머지 이 구절이 담고 있는 격려와 도전에 관심조차 기울이려고 하지 않는다.

예수님은 이 대담한 명령을 하시면서 제자들에게 하나님을 신뢰하라고 일깨우셨다. 하나님 안에 기초를 둔 믿음만이 의미 있기 때문이다. 우리 믿음의 기반은 믿음 자체나 우리 자신에게 있어서는 안 된다. 오직 하나님 안에 있어야 한다.

예수님이 사용한 비유(산더러 바다에 빠지라고 명령하는 것)는 아마도 제자들에게는 익숙했을 것이다. 이는 불가능해 보이는 어떤 일을 성취하려고 할 때 주로 쓰는 랍비식 비유였다.[20] 제자들은 예수님의 말씀을 '문자 그대로' 감람산을 1,200미터 아래 사해로 던지라는 뜻으로 오해하지 않았을 것이다. 하나의 격언으로서 하나님이 그분의 자녀들에게 특별한 일을 하기 원하신다는 의미로 이해했을 것이다.

사도행전 전반부에는 예수님이 가르치신 믿음과 기도에 대한 생생한 증거들이 나온다. 나면서부터 걷지 못하는 걸인이 베드로와 요한에게 돈을 구걸했을 때, 베드로는 돈을 주는 대신 "일어나 걸으라"고 말했다(행 3:6). 아마도 이때 베드로는 "무엇이든지 기도하고 구하는 것은 받은 줄로 믿으라"는 예수님의 말씀을 떠올렸을 것이다.

하나님이 믿음의 대상이 될 때, 우리는 담대한 믿음을 가질 수 있다. 우리에게 불가능한 것이 그분에게는 가능함을 믿기 때문이다. 또 우리의 상상보다 훨씬 더 큰 것을 하실 수 있는 분에게 말하고 있음을 자각하기 때문이다(엡 3:20-21). 예수님의 말씀은 핵심적으로 이런 내용이다. "나는 너희들이 기도할 때, 너무나 지혜로워서 실수하실 수 없는 하나님, 너무나 친절해서 잔인하실 수 없는 하나님, 너무나 강력해서 우주의 일반적인 힘으로는 꺾을 수 없는 하나님을 믿는 믿음을 드러내길 원한다."

백 가지 단서를 붙여서 이런 말씀들을 제쳐두지 말라. 있는 그대로 그 말씀 앞에 서라. 하나님은 우리의 상상 이상을 하실 수 있다는 진리를 누리라. 하나님께 불가능이란 없다는 사실을 받아들이고 안식하라. 그리고 기도하라.

 에베소서 3장 14-21절

11월 10일
악의 실재

> "만물보다 거짓되고 심히 부패한 것은 마음이라
> 누가 능히 이를 알리요마는
> 나 여호와는 심장을 살피며 폐부를 시험하고
> 각각 그의 행위와 그의 행실대로 보응하나니"
>
> (렘 17:9-10)

성경은 악이 실재한다고 분명히 말한다. 그리고 그 악의 '배후에 있는' 실체에 대해서도 분명히 말한다. 그 악한 실체인 사탄은 그의 희생양이 되는 사람들의 영적 행복에 완전히 맞선다. 그는 흉포한 사자이고, (비록 하나님의 주권적인 통치에서 벗어나 있지는 않지만) 이 세상의 통치자다.

그는 모든 죄의 배후에 있다. 그리고 하나님의 영으로 다시 태어나기 전에는 모든 사람이 사실상 그의 지배하에 있다. 사람들의 악한 행위가 그들이 사탄의 소유임을 증명한다.

물론, 악한 존재가 실재한다는 생각은 요즘 시대에 비웃음을 사는 것이 사실이다. 사람들은 이렇게 말한다. "악마라는 악한 존재가 있다니 그걸 어떻게 믿습니까?" 그러나 생각해보라. 과학기술의 엄청난 발전에도 불구하고 우리는 악한 충동들을 이전 세대보다 더 잘 통제하지 못한다. 왜일까? 그 이유를 설명하라고 하면, 사람들은 사탄이라는 개념을 무시하면서도 다른 대답을 찾지 못해 당황스러워한다.

아담이 속이는 자의 영향을 받아 아내를 따라 죄를 지었을 때 온 인류가 그 영향 아래로 들어갔다고 성경은 말한다. 다른 말로 하면, 아담이 죄를 지었을 때 우리 '모두가' 죄를 지은 것이다. 우리는 모두 타락한 상태에서 태어났다. 그러므로 우리 마음(우리 존재의 핵심, 우리 감정의 근원, 우리의 바람, 우리의 결정들)은

"만물보다 거짓되고 심히 부패"했다. 예레미야 선지자는 예수님이 바리새인들에게 하실 말을 예견하고 있었다. "무엇이든지 밖에서 사람에게로 들어가는 것은 능히 사람을 더럽게 하지 못하되… 속에서 곧 사람의 마음에서 나오는 것은 악한 생각 곧 음란과…"(막 7:15, 21) 노골적이고 은밀한 모든 악한 것들이다.

이런 진리들은 지금 우리가 세상에서 하는 경험들을 설득력 있게 설명하는 동시에, 우리 자신에게는 매우 도전이 되는 관점을 제시한다. 즉, 우리는 선한 사람들인데 어쩌다 실수를 한 것이 아니라, 자비가 필요한 악한 사람들이다. 그러나 이러한 우리 마음의 상태를 솔직하게 받아들이려면 겸손이 필요하다. 그래서 우리는 예레미야 같은 선지자들의 말을 듣기보다는 자부심과 자기 확신을 말하는 설교자들에게 속는 편을 더 선호한다.

진실은 모든 사람이 심장 이식(육체적인 심장이 아니라 영적 심장)이 필요한 상태로 태어난다는 것이다. 오직 하나님만 이런 변화를 이끌어내실 수 있다. 아담의 죄를 우리에게 지우신 하나님은 또한 주 예수 그리스도의 의를 믿는 자들의 것이라 은혜로 인정하신다. 우리는 예수님을 믿는 자들로서 완전히 변화되었다.

오늘도 여느 날과 마찬가지로 우리의 거짓된 마음의 유일한 해독제는 겸손하고 진지하게 주님 앞에 나아와 이렇게 기도하는 것이다. "하나님이여 내 속에 정한 마음을 창조하시고 내 안에 정직한 영을 새롭게 하소서"(시 51:10).

 마가복음 7장 1-23절

11월 11일
약속과 복

"…내가 너로 큰 민족을 이루고 네게 복을 주어
네 이름을 창대하게 하리니 너는 복이 될지라
너를 축복하는 자에게는 내가 복을 내리고
너를 저주하는 자에게는 내가 저주하리니
땅의 모든 족속이 너로 말미암아 복을 얻을 것이라 하신지라"(창 12:1-3)

저녁 식사를 준비하는데 아이들이 성가시게 할 때가 있다. 때로 부모들은 이렇게 외치고 싶다. "잘 들어. 모두 부엌에서 나가 줄래? 어서 나가!"

바벨탑에서 사람들은 하나님을 성가시게 하는 일 이상을 했다. 그들은 하나님께 등을 돌렸다. 자신들만의 왕국을 세우기로 결심하고 자신들의 탑을 만들어 자신들의 힘으로 무엇을 할 수 있는지 보려고 하늘까지 닿으려 했다. 이 반역의 결과로, 하나님은 그들의 언어를 달라지게 하신 후, 그들을 전 세계로 흩어버리는 방식으로 심판하셨다(창 11:1-9).

하나님은 사람들을 추방하고 멸하셔야 마땅했다. 하지만 그렇게 하지 않으셨다.

하나님은 무너졌던 것들을 그들의 바로 다음 세대에서 고치시며 그분의 자비를 보여주셨다. 하나님은 자녀가 없던 늙은 이방인 아브람에게(그의 이름은 아이러니하게도 '고귀한 아버지'라는 뜻이었다) 찾아와 말씀하셨고, 바벨에서 하신 심판의 결과를 완전히 바꾸어주겠다고 약속하셨다. 사람들은 바벨에서 자신들의 이름을 창대하게 하려고 했다. 하나님은 아브람의 이름을 창대하게 하겠다고 약속하셨다. 바벨에서 사람들은 자신들만의 왕국을 세우려고 했다. 하나님은 아브람의 자손을 위대한 민족으로 만들 것을 약속하셨다. 바벨에서 사람들은 하나님 없는 세상에서 복을 찾으려고 했다. 하나님은 아브람의 가족을 통해 이 땅에 복을 줄 것을 약속하셨다. 하나님이 개입하시고 은혜를 베푸심으로 죄는 해결될 것이며 그에 따라 심판은 행해지지 않을 것이다.

바로 이 언약에서 하나님은 아브람을 부르셔서 그를 아브라함('여러 민족의 아버지')이 되게 하셨다. 하나님은 당신의 은혜를 선택받은 종 아브라함뿐 아니라 온 땅에 흩어진 미래 세대에게도 확장시키겠다고 약속하셨다.

하나님이 아브라함에게 하신 약속은 복음이라는 새 언약의 초기 표현이다. 하나님은 아브라함에게 약속하셨고, 아브라함의 자손이 나중에 그 복을 받았다. 그러나 그 약속과 복은 결국 예수님을 믿는 모든 사람에게 주어졌다. "너희가 다 믿음으로 말미암아 그리스도 예수 안에서 하나님의 아들이 되었으니… 너희가 그리스도의 것이면 곧 아브라함의 자손이요 약속대로 유업을 이을 자니라"(갈 3:26, 29). 따라서 하나님이 아브라함에게 하신 약속들은 구약의 이스라엘 민족 안에서 부분적으로 성취되었지만, 궁극적으로는 예수 그리스도의 복음과 그분의 백성 안에서 성취되었다.

이 성취의 광대함을 살짝이라도 맛본다면 우리의 인생은 영원히 변할 것이다. 우리가 오늘 그리스도 안에 있다면 하나님이 아브라함에게 하신 약속은 우리에게도 해당된다. 우리는 하늘 시민이고, 아브라함의 자손으로 오신 왕이신 예수님을 섬긴다. 하나님이 사람들을 그분의 나라로 초청하셔서 영원히 대면할 수 있게 하셨기에 아브라함에게 하신 약속은 이제 우리의 것이기도 하다. 그 약속 중 오늘 우리가 누리는 것이 무엇이든, 우리는 믿음으로 하나님의 자녀가 되었고 아브라함 자손의 일원으로서 이 영광스런 약속의 상속자가 되었다.

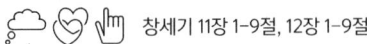 창세기 11장 1-9절, 12장 1-9절

11월 12일

우리가 용서하는 이유

"서로 친절하게 하며 불쌍히 여기며 서로 용서하기를
하나님이 그리스도 안에서 너희를 용서하심과 같이 하라"

(엡 4:32)

하나님의 용서는 단순히 하나님의 마음의 표현이 아니라(이것도 분명 맞지만) 말씀으로 하신 약속이다. 따라서 우리가 하나님의 용서를 경험하는 것은 하나님의 말씀을 받아들이는 것과 직접적으로 연관이 있다.

히브리서 기자는 우리가 용서받았다고 확신할 수 있는 것은 다름 아닌 예수님의 보혈 때문이라고 설명한다(히 10:19-22). 또한 하나님은 우리가 회개하며 그분께 나아오면 더는 우리 죄를 기억하지 않겠다고 약속하셨다(17절). 하나님은 우리 죄를 기억하지 않겠다고 맹세하셨다(사 43:25). 다시 말해, 하나님께서 이미 해결하신 일을 가지고 우리가 하나님께 나아가면 하나님은 분명 이렇게 말씀하신다는 것이다. "얘야, 난 네가 했던 말이 생각나지 않는단다. 그리고 그 얘기는 다시 꺼내지 않겠다고 약속했잖니? 그러니 너도 그렇게 하렴."

하나님이 먼저 본을 보이신 것은 우리가 어떻게 다른 사람을 용서해야 하는지 보여주시기 위해서다. 다른 사람을 용서하는 것은 감정의 문제가 아니다. 그것은 약속과 순종의 문제다. 우리가 누군가를 용서할 때, 우리는 사실 세 가지 맹세를 하는 셈이다. 첫 번째는 그 문제를 다시는 그 개인에게 소환하지 않겠다는 맹세다. 두 번째는 그 문제를 다른 누군가에게 꺼내지 않겠다는 맹세다. 세 번째는 그 문제를 나 자신에게도 다시 꺼내지 않겠다는 맹세다. 진정한 용서는 이렇게 말하는 것이다. "하나님이 그리스도 안에서 나를 위해 하신 일을 나도 너를 위해 하고 싶어."

이 말은 용서가 그저 마음만 먹으면 되는 것이 아니라는 뜻이다. 물론 용서는 마음에서 우러나와야 한다(마 18:35). 하지만 우리의 용서가 진짜가 되려면, 먼저 그리스도로 인해 용서받았다는 자각과 감사가 있어야 하고, 그래서 용서하라는 하나님의 명령에 순종할 수 있어야 한다.

용서해야 할 사람이 있는가? 오늘은 누군가를 용서하고 싶지 않을 수도 있다. 하지만 용서는 그런 문제가 아니다. 그리스도 안에서 하나님의 용서를 받은 자로서 우리는 하나님이 우리를 용서하셨듯이 다른 사람을 용서하도록 부름받았다. 쉽지는 않지만 불가능하지도 않다. 하나님의 영이 가능하게 하신다. 우리가 하나님의 명령에 순종하여 세 가지 측면의 용서를 실천할 때, 하나님께서는 그에 합당한 감정도 허락해주실 것이다.

 마태복음 18장 21-35절

11월 13일
주 안에서 같은 마음 품기

"내가 유오디아를 권하고 순두게를 권하노니 주 안에서 같은 마음을 품으라
또 참으로 나와 멍에를 같이한 네게 구하노니
복음에 나와 함께 힘쓰던 저 여인들을 돕고
또한 글레멘드와 그 외에 나의 동역자들을 도우라
그 이름들이 생명책에 있느니라"(빌 4:2–3)

분열은 교회를 안에서부터 무너지게 한다.

이런 이유로 바울은 빌립보 교회 공동체에서 두 여인이 서로 사이가 틀어졌다는 보고를 심각하게 받아들였다. 그는 그들이 "같은 마음"을 품도록 권하기 위해 편지에서 따로 언급했다. 그리고 유오디아와 순두게의 불화를 다루면서 우리에게 화해의 유용한 모델을 제공한다. 바울은 우리가 "주 안에서" 형제와 자매로 연합되었음을 기억해야 한다고 분명히 말한다. 이 구절은 우리가 누구인지를 핵심적으로 보여준다. 우리는 우리 자신의 것이 아니라 그리스도의 것이다.

그래서 바울은 유오디아와 순두게에게 "주 안에서" 그들이 하나임을 기억하고, 우리가 지금 성경에 있는 하나님의 말씀에 순종하듯이 그들도 사도들을 통해 주어지는 하나님의 가르침에 순종해야 한다고 간곡히 권한다. 성경은 우리가 그리스도인으로서 먼저 하나님을 사랑하고 섬겨야 한다고 분명히 말한다. 우리가 이렇게 하나님을 기쁘시게 하고자 하면, 하나님이 우리 마음에 역사하셔서 이웃을 세우고 그들의 유익을 위해 섬기고 싶은 마음을 주신다(롬 15:2).

그러나 자신이 그리스도의 것임을 잊을 때, 우리는 급속도로 자신의 아젠다를 내세우고, 나름대로 이유를 만들어내고, 자신의 권리를 위해 싸우고,

자기 의견에 반대하는 사람과는 논쟁하며 잘난체하게 된다. 믿는 자들 간의 불화는 많은 경우 사소하고 지엽적인 것이어서 논쟁하기 좋아하는 사람들의 에너지를 낭비하게 한다. 그렇게 되면 교회는 밖으로 힘을 쏟는 대신 안으로 집중하게 된다. 우리의 구세주께서는 절대 자기 방식을 고집하지 않으셨는데 우리가 자기 방식을 고집한다는 것은 너무나 말이 되지 않는 일이다. 만약 예수님이 우리처럼 너무 자주, 너무 쉽게 이기적으로 생각하셨다면, 성육신은 절대 없었을 것이고 십자가도, 용서도 없었을 것이며 우리를 위한 천국 소망도 없었을 것이다.

믿는 자들 사이에 불화가 전혀 없는 것처럼 굴어서는 안 된다. 분명 불화는 있다. 하지만 우리는 구원받은 자로서, 주 안에서 하나라는 이 힘과 기초 위에서 불일치를 '통과해야' 한다. 우리의 초점은 우리 자신에게 머무를 수 없다. 깨어진 관계들을 치유하고 고치면서, 우리는 화해를 통해 그리스도를 닮아가야 한다.

이것은 우리 모두를 향한 요청이다. 오늘 자신이 유오디아와 순두게의 입장에 있다면, 비록 쉽지는 않겠지만 "주 안에서 같은 마음을 품으라"는 분명한 요청에 귀를 기울이자. 어떤 분열을 겪고 있든, 그리스도인들 간의 연합은 더 강하다. 그리고 우리의 교회에 유오디아와 순두게 같은 사람들이 있다면, 바울처럼 진정한 "동역자"답게 행동해야 할 것이다. 즉 분열된 사람들이 화해하도록 도와야 한다. 진정한 사랑이 출발점이다. 진정한 사랑이 이끌어야 한다. 진정한 사랑은 분열이 좀먹게 허락하지 않는다. 오히려 공동체를 세우는 연합을 추구한다.

 요한복음 17장 1-26절

11월 14일
급진적으로 변화되다

"…음행하는 자나 우상 숭배하는 자나 간음하는 자나 탐색하는 자나
남색하는 자나 도적이나 탐욕을 부리는 자나 술 취하는 자나 모욕하는 자나
속여 빼앗는 자들은 하나님의 나라를 유업으로 받지 못하리라
너희 중에 이와 같은 자들이 있더니 주 예수 그리스도의 이름과
우리 하나님의 성령 안에서 씻음과 거룩함과 의롭다 하심을 받았느니라"(고전 6:9-11)

기독교의 증거는 그 능력에 있다. 오직 그리스도의 능력만이 수치심에 빠진 사람들을 데려와 하나님의 아들딸로 만들 수 있다. 제아무리 깊은 수치감과 죄의식이라도 하나님의 용서하시는 은혜를 넘어설 수 없다.

바울은 끔찍한 죄의 목록을 열거하다가 "너희 중에 이와 같은 자들이 있더니"라고 말한다. 이 말은 후회의 말이 아니라 승리의 외침이다. 현재 시제가 아니라 과거 시제다. 왜인가? 예수님의 변화시키시는 능력 때문이다. 사람은 자신을 변화시킬 수 없다. 하지만 예수님은 변화시키실 수 있다!

완전한 개인적인 변화가 정말로 가능하다고 믿는가? 우리는 때로 사람들에게 수술을 권하면서도 이전 죄로 인해 남은 생애를 절뚝거려야 한다고 말한다. 또는 은혜로 구원받았지만 지금은 자신을 변화시키기 위해 열심히 노력해야 한다고 말한다. 이런 메시지는 어디서 왔는가? 예수님이 사람들에게 "내가 너희의 인생을 만지고 변화시키겠지만, 조금만 변화된다는 걸 알았으면 좋겠다. 이제부터는 너희들에게 달렸다"라고 말씀하셨는가? 아니다. 예수님은 "나는 너를 속부터 겉까지 완전히 새롭게 만들겠다. 내가 너를 변화시키고 자유롭게 하고 바꿔주겠다"라고 말씀하셨다. 이것이 예수님의 메시지다. 그리고 고린도 교인들의 증언이기도 하다. 그들은 악하고 심판받을 수밖에 없는 사람들이었다. 하지만 그들은 변화되었다. 이제 그들은 달라졌다.

그렇다면 이 변화는 어떻게 시작되는가? 자신의 죄를 분명히 보는 데서 시작된다. 내가 악하다는 것을 알지 못한다면 구원받았다는 것을 어떻게 알 수 있겠는가? 자신의 부패함을 깊이 직시해야 한다. 그래야 인생의 모든 시련과 얽히고설킨 것들로부터 우리를 구원하고 완전히 변화시키기 위해 예수님이 오셨으며 성령을 주셨다는 말을 듣고 그분을 향해 두 팔을 벌려 나아갈 것이다. 이것이 구원이다! 이것이 변화다!

모든 그리스도인은 하나님이 삶을 변화시킨다는 사실을 증명하는 살아있는 증거다. 재창조하고 삶을 변화시키시는 그리스도의 능력을 증거하는 사람들이 도처에 있다. 그렇다면 우리는, 한때 간음하는 자였고 탐색하는 자였고 술 취한 자였고 속여 빼앗는 자였던 사람들이 가득한 이 교회를 이룰 준비가 되었는가? 또 우리도 전에는 이런 사람들이었지만 지금은 전적으로 은혜로 말미암아 그렇지 않음을 인정할 준비가 되었는가? 아니면 그럭저럭 괜찮은 사람이어서 예수님이 필요하다고 진정으로 믿지는 않는 그런 사람들로 이루어진 교회를 원하는가?

예수님은 구원하시고, 예수님은 변화시키신다. 믿음으로 우리는 예전의 우리가 아니다. 그리고 다음 달에도 내년에도 또 다시 그렇게 말할 수 있을 것이다. 주변에 너무 죄에 빠져있어 그리스도께 올 수 없을 것 같아 보이는 사람이 있는가? 하나님이 변화시키시길 기도하라. 당신의 삶에서 도저히 그리스도를 기쁘시게 하는 모습으로 변화될 수 없을 것 같은 영역이 있는가? 하나님이 변화시키시길 기도하라. 우리는 자신을 포함해 누구도 변화시킬 수 없다. 하지만 그리스도께는 우리가 할 수 없는 것을 하실 능력이 있다.

 고린도후서 3장 17절-4장 6절

11월 15일
아버지의 따스한 보호

"그러므로 염려하여 이르기를 무엇을 먹을까 무엇을 마실까 무엇을 입을까 하지 말라
이는 다 이방인들이 구하는 것이라
너희 하늘 아버지께서 이 모든 것이 너희에게 있어야 할 줄을 아시느니라
그런즉 너희는 먼저 그의 나라와 그의 의를 구하라
그리하면 이 모든 것을 너희에게 더하시리라"(마 6:31-33)

하나님의 세상에 속한 피조물로서 우리는 운명이나 운에 휘둘리지 않는다. 우리는 맹목적이고 비인격적인 힘에 이끌리지 않으며 운세나 행성의 움직임 같은 우리의 주의를 끄는 것들로 인해 염려할 필요가 없다.

하지만 하나님을 아버지로 알지 못하고 신뢰하지 못하는 사람들에게 세상은 그런 곳이다. 그래서 성경은 "이방인들[여기서는 하나님께 관심이 없는 사람들이라는 의미]이 구하는 것"이라고 분명히 말한다. 이런 사람들은 정말로 창조주가 계시다는 것을 확신하지 못하고, 창조주가 계시다 해도 창조한 이후에는 손을 떼셨다고 생각한다. 역사의 모든 굴곡, 모든 밀물과 썰물은 우연이고, 우리는 광대한 정체불명의 구조 속에 붙들려 있다고 생각한다.

암울한 그림이다. 그러나 감사하게도 성경은 우리에게 다른 것을 말해준다. 성경에 따르면 모든 것은 그리스도를 통해, 그리스도를 위해 창조되었고, 그리스도께서는 그분의 피조세계와 긴밀하게 연결되어 있다(골 1:16-17). 이런 관점에서 성자 하나님이 마태복음 6장 26절부터 33절에서 하신 말씀을 요약하면 이렇다. "너희가 왜 음식이나 입는 옷이나 다른 것들을 걱정해야 하느냐? 이방인들은 걱정한다. 하지만 너희는 어떠냐? 너희는 그저 내게 시선을 집중하면 된다. 그러면 내가 너희를 보살피겠다. 하늘의 새를 내가 다 알고 들의 풀들도 내 힘으로 옷을 입혔으니, 너희도 내가 돌보겠다."

사실, 예수님과 하나님 아버지가 우리를 보살피신다는 그리스도의 약속은 로마서 8장 28절에서도 놀랍게 울려 퍼진다. "하나님을 사랑하는 자 곧 그의 뜻대로 부르심을 입은 자들에게는 모든 것이 합력하여 선을 이루느니라." 우리가 그리스도 안에 있으면, 우리의 모든 날들과 바람과 소망과 가슴 아픈 사연과 두려움과 실패는, 현명하시고 은혜로우시고 사랑이 넘치는 하나님의 뜻 안에서 합력하게 된다.

오늘 혹시 홀로 있다면, 혹은 지난 밤 홀로 보냈다면, 혹은 깨지고 어려운 관계를 맺게 될까 봐 미래를 두려워하고 있다면, 하나님의 말씀이 우리 안에 들어오게 하라. 그 말씀으로 하나님 아버지의 사랑과 임재를 친밀히 느껴 마음이 따스해지고 충만해지게 하라. 경제적인 어려움으로 마음이 무겁다면, 예수님이 우리의 모든 필요를 채우신다는 말씀을 붙들고 두려움을 내려놓으라. 건강 문제(육체적인 것이든 감정적인 것이든)로 씨름하고 있다면, 그리스도께서 다 아시고 보살피시고 감당하게 하실 것을 확신하라. 어떤 일이 일어나든 혹은 어떤 인생의 어려움을 만나든, 하나님은 우리를 사랑하시기 때문에 우리를 돌보실 것이다.

 마태복음 6장 19-34절

11월 16일

일의 목적

"무슨 일을 하든지 마음을 다하여 주께 하듯 하고
사람에게 하듯 하지 말라
이는 기업의 상을 주께 받을 줄 아나니
너희는 주 그리스도를 섬기느니라"

(골 3:23-24)

일은 하나님의 창조적인 계획의 일부이기에 우리 인생의 목적의 일부이다.

일은 타락 이전에도 존재했다. 하나님은 아담과 하와를 동산에 두시고 "그것을 경작하며 지키게"(창 2:15) 하셨다. 우리는 그저 앉아서 아무것도 하지 않는 존재로 만들어지지 않았다! 오히려 우리는 일하고 창조하기를 즐거워하시는 하나님의 형상대로 창조되었다.

믿는 자들은 일해야 한다고 신약성경 저자들은 말한다. 우리는 우리 창조주를 따를 뿐 아니라 "열매 없는 자가 되지 않게 하기 위하여 필요한 것을 준비"(딛 3:14)하도록 일해야 한다. "마음을 다하여" 일하라는 이 부르심은 우리 능력을 넘어서는 것이 아니다. 초인간이 되라는 권고도 아니다. 대신, 조용히 자기 일에 신경 쓰고 자기 손으로 일하여(살전 4:11) 자신을 건사할 뿐 아니라 도움이 필요한 사람들을 도우라는 초청이다. 삶의 일상적인 활동들은 "마음을 다하여 주께 하듯 하고 사람에게 하듯 하지 말라"는 하나님의 섭리 안에 있다. 매일의 책임과 헌신 속에서(몇십 억을 투자하는 일이든, 기저귀를 가는 일이든, 공장 조립 라인에서 일하는 것이든, 들에서 밭을 가는 일이든, 중역진 회의실에 앉아 있든), 우리는 그 일들을 하나님이 그분의 목적을 위해 사용하시고 그분의 이름을 영화롭게 하기 위해 사용하실 도구들로 바라볼 수 있다.

하나님이 우리에게 정해주신 경계 안에서 열심히 일하면 옆 사람 탓을 하지 않아도 된다. 결국 우리는 점수를 기록하는 사람이 아니고 그들도 마찬가지다! 우리가 정해진 일을 부지런히 행하기를 기뻐하시는 하나님은, 우리가 그분 앞에 서는 날 상을 주실 것이다. 중요한 것은 상사나 동료나 우리 자신의 인정이 아니라 그분의 인정이며, 우리가 그 일에 대해 생각하고 행동하는 방식이다.

바울의 가르침에는 빠져나갈 구멍이 없다. 바울은 일하되, 열심히 일하라고 분명하게 권고한다. 바울은 성경 다른 곳에서도 디모데를 격려하며, 동료 신자들에게 그들이 친척, 특히 자기 집안 친척들을 물질적으로 도와서 "그들로 책망 받을 것이 없게 하라"(딤전 5:7)고 가르치라고 한다. 이것이 함축하는 바는 분명하다. 우리의 삶에 은혜가 넘칠 때, 우리도 우리에게 의존하는 이들, 도움이 필요한 이들의 필요를 채우기 위해 헌신할 것이다.

우리는 하나님의 형상을 따라 지음받았고 선한 일들을 하도록 창조되었다. 우리가 지금 인생의 어떤 단계에 있든, 하나님의 피조세계 안에서 우리가 오늘 해야 할 일이 있다. 마음을 다해 모든 능력을 다 쏟아 그것을 행하라. 다른 사람의 의견보다는 하나님의 선하신 의견에 신경쓰면서 경건하게 그 일을 행하라. 또한 그 일이 아무리 세속적이고, 반복적이고, 혹은 어려운 일일지라도 기쁘게 행하라. 왜냐하면 그렇게 하면서 그리스도를 섬기게 되고 그분의 이름에 영광을 돌리게 되기 때문이다. 그렇게 하면 어떤 일이든 영광스러운 일로 바뀐다!

 잠언 24장 30-34절

11월 17일
하나님의 복과 저주

"네가 네 하나님 여호와의 말씀을 청종하면
이 모든 복이 네게 임하며 네게 이르리니…
네가 만일 네 하나님 여호와의 말씀을 순종하지 아니하여
내가 오늘 네게 명령하는 그의 모든 명령과 규례를 지켜 행하지 아니하면
이 모든 저주가 네게 임하며 네게 이를 것이니"(신 28:2, 15)

요단강 옆 모압 평지에서 이스라엘 백성은 하나님이 그들에게 약속하셨던 땅에 마침내 들어갈 순간을 앞두고 있었다. 모세는 백성들에게 이전 세대가 그랬듯이 불순종으로 하나님과의 관계를 망가뜨리지 말라고 당부하면서 마지막 설교를 했다. 모세는 하나님이 과거에 하셨던 말씀과 행하셨던 일을 상기시켰고, 하나님의 놀라운 개입하심과 약속을 지키시는 신실하심에 의지해 하나님만 섬기는 백성이 되라고 강하게 권면했다.

하나님은 모세의 가르침을 통해 이스라엘 백성에게 완전히 다른 두 가지 선택지(그에 따른 결과도 엄청나게 차이가 나는)를 주셨다. 복에 대한 약속과 경고의 말씀이었는데, 모세는 간단한 질문으로 선택지를 제시했다. "어떻게 살 것인가? 언약을 지키고 그 땅에서 복을 누릴 것인가, 아니면 불순종하고 그 땅에서 쫓겨날 것인가?"

약속의 땅 바로 앞에 모인 사람들은 하나님의 말씀을 듣고 이렇게 말해야 했다. "아, 아닙니다. 그런 불순종은 다시는 없을 겁니다!" 하지만 재빨리 몇 백 년 앞으로 가보면 그들을 어디서 찾을 수 있는가? "우리가 바벨론의 여러 강변 거기에 앉아서 시온을 기억하며 울었도다… 우리가 이방 땅에서 어찌 여호와의 노래를 부를까"(시 137:1, 4). 이스라엘 백성은 외국에 포로로 잡혀 가 과거를 회상하며 자신의 처지를 한탄하고 있다.

우리도 타락한 세상에서 살아가는 피조물로서 너무나 취약하고 유혹과 시험을 당한다. 우리는 언제나 불순종하고 하나님으로부터 멀어지는 하나의 결정만을 내릴 뿐이다. 그래서 우리에게는 하나님의 지속적인 은혜가 절실히 필요하다. 비극적이게도, 한때는 헌신적으로 열정을 다해 그 약속의 땅을 향했던 많은 사람이 넘어질 뿐 아니라 불신에 빠지기도 한다. 그리고 우리는 '아, 아니야. 그런 일은 절대 나에게 일어나지 않을 거야'라고 생각하는 최악의 실수를 저지르기도 한다.

사탄은 우리에게 와서, 하나님이 우리에게 율법과 계명을 주신 것은 우리의 삶을 상하게 하고 즐거움을 빼앗고 우리의 일상을 심적 고통과 아픔으로 채우기 위해서라고 말하기를 좋아한다. 이것은 거짓말 중에 최고의 거짓말이다. 하나님이 말씀을 주신 이유는 우리의 유익을 위해서다! 성경의 모든 경고들은 우리가 파멸 직전에 있을 때 우리를 보호하고 일깨우기 위함이며, 성경의 모든 약속들은 우리가 나약하고 자신이 없을 때 우리를 일으켜 세우기 위함이다. 또 성경의 모든 명령들은 우리를 하나님의 세상에서 하나님의 임재 가운데 하나님의 방식대로 살아가는 복된 삶으로 이끌기 위함이다. 우리의 유익을 위한 하나님의 헌신은 하나님의 아들께서 우리 불순종의 저주를 받기 위해 오셔서 우리로 하나님의 아들만이 누릴 수 있는 복을 누리게 하신 것에서 가장 극명하게 드러난다.

하나님을 사랑하는가? 하나님이 당신을 사랑하신다는 것을 아는가? 그렇다면 그분의 경고에 귀를 기울이고 그분의 명령에 순종하고 그분의 약속이 주는 위안을 풍성히 누리라.

 갈라디아서 3장 10-14절

11월 18일

문제의 핵심

"한 번 죽는 것은 사람에게 정해진 것이요 그 후에는 심판이 있으리니
이와 같이 그리스도도 많은 사람의 죄를 담당하시려고 단번에 드리신 바 되셨고
구원에 이르게 하기 위하여 죄와 상관 없이
자기를 바라는 자들에게 두 번째 나타나시리라"

(히 9:27-28)

모든 사람은 언젠가 죽는다. 죽음은 삶에서 유일하게 확실한 것이다. 그리스도인인 우리도 죽는다. 하지만 그 결과를 두려워할 필요는 없다.

우리가 죽음을 두려워할 필요가 없는 이유는 이것이다. 예수님이 오신 것은 단순히 우리를 더 행복하게 하거나 세상의 부를 주기 위해서가 아니라 죄인들을 구원하고 우리를 심판에서 구하기 위해 오셨기 때문이다.

성경은 생명책에 이름이 없는 사람들에게 하나님의 심판과 징벌이 임한다고 가르친다(계 20:11-15). 그렇다면 '우리' 이름이 그 책에 있을 거라고 어떻게 확신할 수 있는가? 딱 한 가지 방법이 있다. 주 예수님을 믿는 것이다. 회개하고 믿어서 예수님께로 돌아오는 사람들을 값없이 용서하고 의롭다 하시는 그리스도를 바라보아야 한다. 예수님께 나아온다는 것은 단순히 지적으로 동의한다는 의미(꼭 필요한 것이긴 하지만)를 넘어선다. 기독교 교리를 이성적으로 받아들이는 것으로는 충분하지 않다. 하나님을 합당하게 대우하지 못한 우리의 실패를 인정해야 한다. 우리는 하나님을 부인하고 거부했다. 우리는 넘치는 사랑으로 다스리시는 그분의 권위에 삶을 온전히 맡기고, 우리가 하나님께 받아들여질 수 있도록 그리스도께서 십자가 위에서 성취하신 것에 전적으로 의존해야 한다.

문제의 핵심은 우리가 예수님이나 성경에 대해 특정한 사실을 믿는지 아닌

지, 혹은 우리 삶의 방식이 바른지 아닌지가 아니다. 우리가 영적으로 너무나 목말라서 "주 예수 그리스도여, 당신의 생수를 주셔서 제가 더는 목마르지 않게 하소서"라고 말하는 것이 핵심이다.

하지만 만약 예수님이 우리를 외면하시면 어떻게 하는가? 우리 이름이 생명책에 없다면 어떻게 하는가? 예수님은 "내게 오는 자는 내가 결코 내쫓지 아니하리라"(요 6:37)고 약속하시며 친히 이 두려움에 대해 언급하셨다.

하나님이 당신을 친절하게 초대하고 계심을 아는가? 예수님 안에서 쉬라는 하나님의 말씀을 들었는가? 날마다 새롭게 이 초청을 듣고 그분의 날개 그늘 아래서 쉬고 있는가?(시 57:1) 다음의 찬송가 가사가 우리의 고백일 것이다.

> 나는 곤하고 슬픈 마음으로
> 예수님께 나아왔네.
> 나는 그분 안에서 쉴 곳을 찾았고
> 그분이 나를 기쁘게 하셨네.21

그 아들 안에서 쉼을 얻으면, 그분이 자신의 죽음을 통해 우리 죄를 짊어지셨다는 것과 그분이 다시 오실 때 우리는 두려움에 찬 정죄가 아니라 영광스러운 환영을 받게 될 것을 확신할 수 있다. 그렇게 되면 "죽는 것은 사람에게 정해진 것이요"라는 사실을 듣고도 여전히 우리 마음이 평안할 것이다.

 시편 49편

11월 19일

안주하지 말라는 경고

"예수께서 이르시되 내가 진실로 너희에게 이르노니
나와 복음을 위하여 집이나 형제나 자매나 어머니나 아버지나 자식이나 전토를 버린 자는
현세에 있어 집과 형제와 자매와 어머니와 자식과 전토를 백 배나 받되
박해를 겸하여 받고 내세에 영생을 받지 못할 자가 없느니라
그러나 먼저 된 자로서 나중 되고 나중 된 자로서 먼저 될 자가 많으니라"(막 10:29-31)

예수님의 우선순위는 우리가 편안해지는 것이 아니다.

젊은 관원은 예수님과 영생을 얻는 것에 관한 대화를 나누다가 예수님을 따르기 위해 자기 재산을 나누고 싶지 않아서 슬퍼하며 떠나갔다. 그 후 예수님은 따르는 자들에게 이렇게 말씀하셨다. "낙타가 바늘귀로 나가는 것이 부자가 하나님의 나라에 들어가는 것보다 쉬우니라"(막 10:25). 그러자 종종 성급하게 나서기를 좋아하던 베드로가 자신과 다른 제자들이 예수님을 따르기 위해 치른 희생을 강조했다(28절).

아마도 베드로는 자신들이 재산을 버렸으니 예수님의 경고로부터 '안전'하다는 확실한 보장을 받고 싶었던 것 같다. 그리고 정말로 예수님은 누구든 예수님과 복음을 위해 많이 희생한 사람은 반드시 더 많이 받게 될 거라고 격려해 주셨다. 다시 말해, 하나님께서 이생과 다음 생에서 그들을 돌보실 거라는 말씀이었다. 하지만 예수님은 제자들을 그저 기분 좋게 하는 것에 관심이 없으셨다. 그래서 정곡을 찌르는 말을 덧붙이셨다. "먼저 된 자로서 나중 되고 나중 된 자로서 먼저 될 자가 많으니라."

아마도 베드로는 예수님의 말씀을 들으면서 자신과 젊은 관원을 비교하며 우쭐한 기분을 느꼈을 것이다. 하지만 그것은 예수님이 말씀하시려는 요점이 아니었다. 예수님은 이미 부에 대해 다루셨다. 예수님은 오히려 제자들에

게 '안주하지 않도록 조심하라'고 경고하셨다. 자신이 "먼저 된 자"라고 여기는 사람들, 즉 세상이나 교회에서 '으뜸'이라는 소리를 듣는 많은 사람이 언젠가 예수님이 그들을 평가하는 것을 보고 충격을 받을 것이다. 예수님은 종종 다른 사람들이 알아차리지 못하는 방식으로 예수님을 위해 자신이 가진 모든 것을 바친 사람들에게 최고의 찬사를 아끼지 않으신다.

어쩌면 우리도 베드로처럼, 예수님이 도전하신 부의 문제에 대해 안전하다고 느끼며 자신이 "먼저 된 자"라고 생각할지 모른다. 재산이 없어서 그렇게 느낄 수도 있고 예수님을 위해 이미 많은 재산을 사용했기 때문에 그럴 수도 있다. 우리보다 더 부자인 사람들은 늘 있고 우리보다 재산을 덜 사용한 사람들도 늘 있기에 그런 사람들과 비교하며 안전하다고 느낄 것이다. 하지만 예수님은 우리가 안전하다고 느끼며 안주하는 것에는 관심이 없으시다. 오히려 예수님은 우리에게 안전한 장소에서 나와 그분을 헌신적으로 따르라고 부르신다.

상대적인 가난이 상대적인 부보다 더 덕스러운 것이 아니다. 예수님은 우리를 돌보겠다고 약속하시며, 우리가 예수님을 위해 행한 일이 아닌 그분이 우리를 위해 완수하신 일 안에서 우리의 안전을 찾으라고 하셨다. 다른 사람과 비교하며 안주하지 말라. 대신, 베드로가 요한의 삶과 비교하며 그가 어떻게 될 것인지 물었을 때 예수님이 베드로에게 하신 말씀을 명심하자. "너는 나를 따르라"(요 21:22).

 시편 73편

11월 20일
감사함을 넘치게 하기

"…그 안에서 행하되 그 안에 뿌리를 박으며 세움을 받아
교훈을 받은 대로 믿음에 굳게 서서
감사함을 넘치게 하라"

(골 2:6-7)

만약 우리가 잔을 가득 채운 채 걷다가 누군가와 갑자기 부딪히면, 잔에 들어있던 내용물이 다 쏟아질 것이다. 우리의 성품에도 같은 원리가 적용된다. 우리가 비탄, 감사하지 않는 마음, 부러움, 혹은 질투로 가득 차 있으면, 살짝만 '부딪혀도' 그것들이 쏟아져 나올 것이다.

바울은 골로새 교인들에게 편지를 쓰면서 그리스도인의 삶의 핵심적인 특징인 감사하는 마음을 가지라고 격려했다. 바울이 이 감사함을 표현하기 위해 사용한 "넘치게"라는 단어는 매우 흔하게 쓰이던 헬라어 단어 '페릿슈오'(*perisseuo*)에서 나왔다. 성경의 다른 곳에서 그리고 다른 영어 번역본에서 이 단어의 어근은 '흘러넘친다'로 번역되었다. 바울이 의미한 바는 분명하다. 사람들이 이 신자들을 '툭 쳤을 때' 감사가 흘러나와야 한다고 가르친 것이다.

아직 그리스도로 인해 변화되지 않은 사람들은 삶이 온통 감사하지 못하는 마음으로 가득할 때가 많다(그 결과는 비탄, 불평, 분노, 악의다). 그러나 그리스도 안에서 신자들은 감사하지 못하는 마음 대신 감사함을, 비탄 대신 기쁨을, 분노 대신 평화를 갖는다. 모든 진리 안에 드러난 하나님의 은혜를 듣고 회개하여 그분께로 돌아섬으로써 우리는 우리 죄를 용서받았다. 우리 안에 성령님께서 내주하시게 되었다. 하나님의 교회 안에서 새로운 가족을 갖게 되었다. 우리 앞에 영생이 놓여있다. 기도로 천상의 보좌에 나아갈 수 있다. 다른 말

로 하면 우리에게는 감사할 것이 너무나 많다. 감사는 그리스도인의 노래가 되어 흘러넘친다.

이런 감사는 중요한 효과를 일으킨다. 감사는 우리의 시선을 하나님께 돌리고 우리 자신과 환경에서 멀어지게 한다. 감사는, 우리를 절망시키고 하나님의 말씀을 불신하게 하는 사탄의 속삼임에서 우리를 보호한다. 감사는 또한 "난 이것보다 더 나은 대우를 받아야 해" 또는 "나는 이런 대우를 받을 자격이 없어"라는 말을 우리의 어휘사전에서 없애버려서 우리를 교만하지 않게 한다. 또한 감사는 우리가 삶에서 경험하는 즐겁고 고무적인 경험을 통해서만이 아니라 불안하고 고통스런 경험을 통해서도 하나님이 당신의 사랑의 목적을 이루신다는 것을 알고 안심하게 한다. "**범사**에 감사"(살전 5:18, 강조는 저자 추가)는 오직 은혜를 통해서만 배울 수 있다.

감사하지 못하는 마음을 치료하는 것은 오직 그리스도와의 연합을 통해서만 가능하다. 하나님이 당신에게 주지 않으신 것에 대해 감사하지 못하는 마음이 있는가? 그 마음을 십자가 앞에 가져와 그리스도의 용서를 구하고 당신이 지금까지 복음 안에서 값없이 받은 모든 것을 볼 수 있게 도와달라고 구하라. 매일 시간을 따로 내어 하나님께 받은 복을 적고 회상해보라. 그러면 감사가 넘칠 것이다.

 시편 103편

11월 21일

잠잠하고 들으라

"나무에게 깨라 하며 말하지 못하는 돌에게 일어나라 하는 자에게
화 있을진저 그것이 교훈을 베풀겠느냐
보라 이는 금과 은으로 입힌 것인즉 그 속에는 생기가 도무지 없느니라
오직 여호와는 그 성전에 계시니 온 땅은 그 앞에서 잠잠할지니라 하시니라"

(합 2:19-20)

하박국이 살던 당시 세상은 소란했고 회복의 때를 놓친 듯 보였다. 하박국은 마음이 몹시 불안하여 하나님께 왜 이 모든 일을 허락하셨느냐고 따져 물었다(합 1:2-3). 하박국 선지자는 무슨 일이든 일어나기를 간절히 원했다. 그는 답을 갈망했다. 변화를 원했다. 그리고 하나님은 하박국 선지자에게 "내가 아직 다스리고 있음을 기억하라. 내가 누구인지, 네가 누구인지 기억하라"고 말씀하셨다. 하나님은 온 땅을 주권적으로 다스리시면서 거룩한 "그 성전"에 여전히 계셨다. 하나님은 당신의 뜻을 성취하실 방법들을 이미 정해놓으셨다. 이것을 깨달으면서 하박국 선지자는 겸손해졌고 침묵하게 되었다. 질문도 있고 불만도 있었지만, 그리고 그것들을 하나님께 들이밀 수 있었지만, 그에게 무엇보다 먼저 필요한 것은 하나님께서 하시는 말씀을 듣기로 선택하는 것이었다.

성경 전체에서 이런 침묵의 요청을 보게 된다. 하나님은 시편 기자를 통해서도 "너희는 가만히 있어 내가 하나님 됨을 알지어다"(시 46:10)라고 말씀하신다. 예수님이 변화산에서 영광 가운데 베드로, 야고보, 요한 앞에 서셨을 때 그리고 베드로가 두려움 속에서 가장 먼저 떠오르는 생각을 말했을 때, 제자들이 들은 하나님의 요청은 이것이었다. "이는 내 사랑하는 아들이요 내 기뻐하는 자니 너희는 **그의 말을 들으라** 하시는지라"(마 17:5, 강조는 저자 추가).

상황이 어려울 때, 사람들 중에는 성격에 따라 활동가처럼 반응하는 이도 있다. 문제를 해결하려고 온몸을 던진다. 또 어떤 사람은 비관주의자처럼 반응한다. 그 문제는 극복될 수 없다고 생각해서 그저 굴복하거나 회피하면서 시간을 낭비한다. 두 경우 모두, 하나님 앞에 잠잠히 서서 그분의 말씀을 생각하지 않기 때문에 하게 되는 행동들이다. 우리는 끊임없는 소음의 세상에서 살아간다. 전문가, 교수, 정치인들의 옹알이 같은 말, 말, 말로 가득하다. 그렇기에 하나님께 들으려 하지 않는다면, 결국은 말하지 못하는 우상에게 의지하는 것으로 끝나버릴 것이다(합 2:18-19). 우상들은 우리가 사는 세상에서 우리의 삶이나 환경에 대해 진실을 말하지 못한다.

어려운 시기가 찾아올 때, 하박국 선지자는 "온 땅은 그 앞에서 잠잠할지니라"라고 상기시킨다. 우리는 모든 답을 가지고 있지 않으며 전문가들도 마찬가지다. 질문을 하거나 해결책을 찾는 것이 잘못된 일은 아니지만 하나님 앞에 잠잠히 서서 그 말씀을 듣는 일을 하지 않는다면 그것은 잘못된 일이다. 우리 주변에 어떤 일이 일어나고 있든, 우리에게 가장 필요한 것은 주님이 그분의 성전에 계시며 그 백성의 유익을 위해 역사를 주관하고 계심을 기억하는 것이다. 이 맥락 안에서 하나님이 지금 이 세상에서 무슨 일을 하시는지 이해하려고 해야 한다.

나라들이 분노하고 왕국들이 무너질 것 같은가? 산들이 흔들리고 파도가 솟아오르는가?(시 46:2-3, 6) 잠잠하여 하나님의 하나님 되심을 알고 그분께 들으라.

 시편 46편

11월 November

11월 22일

천국의 모습

"이 일 후에 내가 보니 각 나라와 족속과 백성과 방언에서
아무도 능히 셀 수 없는 큰 무리가 나와 흰 옷을 입고 손에 종려 가지를 들고
보좌 앞과 어린 양 앞에 서서 큰 소리로 외쳐 이르되
구원하심이 보좌에 앉으신 우리 하나님과 어린 양에게 있도다 하니"

(계 7:9-10)

천국에 대한 우리의 노래와 생각의 많은 부분은 하나님이 말씀을 통해 드러내신 진리를 철저하고 사려 깊게 고려한 것이라기보다는 빅토리아 시대 기독교와 그리스 철학자 플라톤의 가르침에 기반을 둔 우주관과 더 관련이 있다. 우리의 영생은 예술 작품들이 흔히 묘사하듯이 구름 위에 앉아서 하프를 연주하는 그런 삶은 아니다. 우리는 그보다 훨씬 더 나은 경험을 하게 될 것이다.

성경은 우리가 하나님을 찬양하고 어린양을 경배하는 모습을 묘사한다. 요한계시록은 그 어린양을 찬양하는 무리가 계속 확장되는 모습을 주목하게 한다. 첫 번째 진영에서는 네 생물과 24장로가 향을 올려드리며 찬양의 새 노래를 부른다(계 5:8-9). 두 번째 진영은 11절부터 13절에 나오는데, 모든 피조물과 함께 어린양을 찬양하는 수만 명의 천사들로 구성되어 있다. 그런 다음 계시록은 그 어린양의 피로 구원받은 사람들에게 조명을 비춘다(계 7:4, 9). 그들은 숫자로는 144,000명이고 능히 셀 수 없는 큰 무리로 묘사된다. 그들은 이스라엘 12지파와 각기 다른 언어를 가진 모든 나라에 속한 사람들로 그려진다. 이 묘사들은 상호 모순되어 보일 수 있지만, 하나님의 관점에서는 완벽하게 말이 된다. 그 정확한 숫자는 완전함과 완성됨을 보여준다. 하지만 인간의 관점에서 보면, 그 무리는 너무 많아서 바로 앞에서 보면서 셀 수가 없다. 하

나님이 보시기에 구원받은 그 사람들은 하나님이 택하신 아들과 딸들이고 모든 민족을 대표하는 자들이다. 하나님은 모든 사람을 개별적으로 아신다. 하지만 하나님의 백성은 모든 민족들 가운데서 뽑혔다. 여기에 하나님의 절대적이고 온전한 승리의 그림이, 하나님을 높이고 하나님의 승리를 기뻐하며 어쩔 줄 몰라 하는 하나님의 백성의 그림이 있다.

따라서, 이 장면은 네 생물과 24장로로 시작했지만 점점 수만 명의 사람들로 많아진다. 결국에는 "하늘에 있는 자들과 땅에 있는 자들과 땅 아래에 있는 자들로 **모든** 무릎을 예수의 이름에 꿇게 하시고"(빌 2:10, 강조는 저자 추가)라고 말한 바울의 선언이 생각나게 한다. 우리의 찬양은 셀 수 없이 많은 사람들의 찬양과 하나 될 것이다. 우리 모두는 그리스도께서 죽임 당한 어린양이시고 그분의 피로 우리 죄가 씻어졌으며, 우리는 그분의 의를 덧입었고 그분과 함께 영원히 살게 된다고 선포할 것이다.

언젠가 우리도 그리스도를 에워싼 점점 커지는 무리에 합류할 것이다. 그리스도께서는 정복하는 사자요, 겸손한 어린양이요, 우리의 사랑하는 신랑으로서 앞으로 나서실 것이다. 그러나 그때까지 기다릴 필요가 없다. 왜냐하면 우리는 지금도 그분께 우리의 시선을 고정하고 경배의 노래를 부를 수 있기 때문이다. 언젠가 우리는 그분 앞에 서서 그분을 보게 될 것이다! 그리고 매일 매일 우리는 그날을 향해 걸어간다.

 요한계시록 7장 1-17절

11월 23일

고난의 문제

"땅은 너로 말미암아 저주를 받고
너는 네 평생에 수고하여야 그 소산을 먹으리라"

(창 3:17)

고난이 없는 사람은 아무도 없다. 사랑하는 사람이 죽거나 고통스러운 진단을 받을 수 있고, 직장에서 갈등이 있거나 관계가 깨어졌을 수 있다. 그 밖의 온갖 시련을 겪을 수 있다. 고난에 대한 설명은 성경 전체에 걸쳐 나온다. 살다 보면, 그리고 성경을 읽다 보면, 고난은 인간 존재의 일부임이 너무나 명백하다. 이러한 현실에서 우리는 "왜?"라고 질문하게 된다. 사람은 왜 고난을 받는가? 모든 세계관과 종교가 여기에 나름대로 답을 하려 한다. "고통은 그저 환상이다." "신은 없다. 고통은 무의미하다." "고통은 하나님의 통제를 벗어나는 것이다." "고통은 과거에 한 행동이나 전생에서 한 행동의 결과다." 이런 모든 대답에는 공통점이 있다. 소망을 제시하지 않는다는 것이다. 하지만 하나님께서는 친히 우리에게 더 나은 답을 주신다.

하나님은 사탄이 속이지 못하도록 막으시거나 아담과 하와가 속지 않게 하실 수 있었다. 고난받는 것 자체를 멈추게 하실 수도 있었다. 그러나 하나님은 그렇게 하시는 대신, 고난을 사용해서 사람들에게 의지적인 사랑과 진정한 순종의 의미와 구원자가 필요하다는 사실을 가르치셨다. 우리가 이러한 교훈을 배울 수 있는 것은 하나님이 주신 자유 때문이다. 하나님은 우리를 로봇처럼 만들지 않으셨다. 우리가 강요나 의무로 하나님을 섬기기보다 자유의지로, 사랑으로 섬기기를 원하신다. 하지만 슬프게도 인간은 그 자유로 그분을 떠난 삶(무시무시한 결과를 가져온)을 선택했다. 그러므로 우리는 죄를 지을 때마다 우리 첫 조상들과 다를 게 없음을 보여주는 것이다.

하나님은 인간이 하나님을 거슬러 반역하는 것은 어리석은 일임을 깨닫기 원하셨다. 그래서 그들을 에덴동산에 있는 생명나무로부터 쫓아내셨다(창 3:22-24). 이런 이유로 세상은 더 이상 원래 창조되었던 방식으로 돌아가지 않으며, 우리 몸도 마찬가지다(16-19절). 말을 안 듣던 아이가 자신의 어리석음을 깨닫고 집으로 돌아오면 가족에게 훨씬 더 감사하듯이, 우리도 하나님의 사랑을 바라며 하나님께로 돌아갈 수 있다. 죄가 세상에 들어와 끔찍한 결과를 낳는 것을 하나님이 허락하셨기 때문에, 우리는 우리 선택의 결과를 알 수 있었다. 또한 이 악한 세상에서 하나님이 그분의 아름다운 사랑을 보여주셨기 때문에, 우리는 그분을 더욱 사랑하는 법을 배울 수 있었다.

C. S. 루이스(C. S. Lewis)가 한 유명한 말이 있다. "하나님은 우리가 즐거울 때는 속삭이듯 우리 양심에 말씀하시지만, 우리가 고통 중에 있을 때는 큰소리로 고함치신다. 고통은 귀머거리 세상을 깨우는 하나님의 메가폰이다."²²

하나님이 악을 만드신 것이 아니다. 하나님은 악을 다스리신다. 따라서 우리의 소망은 하나님께서 모든 악을 끝낼 날이 온다는 사실이다. 하지만 하나님은 우리가 시련을 통해 우리 구원자이신 고난받는 종에게 붙어있도록 그대로 두기도 하신다. 타락한 세상에서 삶에 실망해 하나님은 없다거나 우리를 신경 쓰지 않으신다고 오해하지 말라. 오히려 실망이 찾아올 때마다 구원자에게로 계속해서 나아가라. 그분은 언젠가는 잘못된 모든 것을 끝내고 모든 것이 선하게 변하는 영원을 시작하겠다고 약속하셨다.

 누가복음 15장 11-32절

11월 24일
오라, 너 감사하는 사람아

"범사에 감사하라…
평강의 하나님이 친히 너희를 온전히 거룩하게 하시고
또 너희의 온 영과 혼과 몸이 우리 주 예수 그리스도께서 강림하실 때에
흠 없게 보전되기를 원하노라
너희를 부르시는 이는 미쁘시니 그가 또한 이루시리라"(살전 5:18, 23-24)

감사는 언제나 쉽지 않다. 미국은 국가적으로 감사를 표현하기 위한 날을 휴일로 정해놨는데도 그렇다. 오히려 이 휴일 동안 많은 사람이 감사를 느낄 수 없는 삶의 여건을 더 민감하게 자각한다. 어떤 사람에게는 그때가 가장 외로운 시간일 수 있고 또 어떤 사람에게는 사랑하는 이들이 복음을 떠나 방황하는 탓에 큰 부담감을 느끼는 시간일 수 있다. 게다가 어떤 사람들은 이 시기가 되면 여러 가지 실패로(직장을 잃거나 관계가 깨지거나 승진에서 떨어지는 등) 더 크게 실망하기도 한다. 때로는 사방이 꽉 막힌 것 같고 도저히 허탈감을 벗어날 수가 없으며, 동이 서에서 멀 듯 감사와는 전혀 다른 감정을 갖게 된다.

이런 상황에 처했을 때 "범사에 감사하라"는 말씀을 읽으면 어떻게 반응해야 할지 막막하기만 하다. 하지만 성경은 도움을 주지 않으면서 권고만 하는 법이 없다.

어떻게 범사에 감사할 수 있는지는 하나님께서 우리 안에서 이루어가시는 성화의 작업에 그 답이 있다. '성화하다'라는 단어는 '하나님을 위해 따로 떼어놓다'라는 뜻이다. 주 예수 그리스도께서 우리의 삶을 통치하시게 되면 지속적인 영적 성장을 위해 성령님께서 오셔서 우리를 정결하게 하신다. "너희 안에서 행하시는 이는 하나님이시니 자기의 기쁘신 뜻을 위하여 너희에게 소원을 두고 행하게 하시나니"(빌 2:13)라는 말씀처럼, 우리가 예수님이 원하시

는 모습이 될 수 있는 것은 하나님이 일하시기 때문이다. 우리가 "그 안에 뿌리를 박으며 세움을 받아"(골 2:7) 그리스도 안에 거하면(성경을 공부하고, 기도를 배우며, 하나님의 백성과 교제하고, 예수님을 다른 사람에게 전하면) 그리스도께서 우리를 위해 행하신 모든 일을 떠올리게 된다. 시편 기자처럼 노래하는 것도 배우게 된다. "하나님이여 우리가 주께 감사하고 감사함은 주의 이름이 가까움이라 사람들이 주의 기이한 일들을 전파하나이다"(시 75:1). 후회되거나 실망스러운 일이 있어도, 그분이 행하신 놀라운 일들(그분의 십자가, 부활, 승천, 성령님을 통해 우리 안에서 역사하시며 믿게 하시고 믿음을 지키게 하시는 것)을 기억하며 감사가 넘칠 수 있다.

우리가 겪는 시련은 호락호락하지 않고 비관적으로 보일 때가 있다. 매 순간 감사하다고 '느끼지' 못할 수도 있다. 괜찮다. 그것은 중요하지 않다. 하나님은 그럼에도 불구하고 우리로 하여금 감사하게 하실 수 있다. 하나님은 우리에게 바울의 가르침을 성취하도록 힘을 주신다.

지금 감사가 없는 시간을 보내고 있다면, 자신의 상황에서 시선을 옮겨(잠시라도) 하나님이 당신에게 주신 사랑의 선물을 깊이 생각해보라. 당신이 그리스도 안에 거하며, 지속적으로 정결하게 하시는 성령님의 인도를 받는다면 눈물과 고통과 실망에도 불구하고 "오라, 너 감사하는 사람아, 오라"[23]는 명령에 순종으로 반응할 수 있을 것이다.

 시편 149편

11월 25일
진리를 살아내기

"너희가 이것을 알고 행하면
복이 있으리라"
(요 13:17)

난데없이 낯선 사람이 다가와 예수님과 기독교 신앙에 대해 물어본 적 있는가? 아마 그런 경험을 한 사람은 많지 않을 것이다. 하지만 우리는 그런 만남에 준비되어 있어야 한다. 사도 바울은 우리가 가진 소망에 대해 이유를 묻는 자들에게 대답할 준비를 하라고 말한다(벧전 3:15). 하지만 우리가 믿는 바를 설명할 기회는 낯선 사람과의 우연한 만남보다는 우리를 잘 아는 사람들 앞에서 우리가 하루하루 살아가는 방식을 통해 주어지는 경우가 많다.

우리는 사는 방식과 믿는 바를 통해 우리가 그리스도께 붙어있는 존재임을 드러내야 한다. 베드로가 그리스도인을 하나님의 "소유가 된 백성"(벧전 2:9)이라고 말한 것도 이런 이유에서다. 우리는 예수님 안에 있고 그분께 속했다. 우리와 예수님의 관계는 모든 것에 영향을 미친다. 즉 우리에게는 우리가 원하는 대로 '믿을' 자유가 없다. 결혼이나 성, 경제나 다른 것들을 우리 방식대로 바라볼 자유가 없다. 우리의 견해는 우리의 메시아이자 선생이신 예수님의 견해를 반영해야 한다. 그리고 예수님은 "너희가 이것을 **알고 행하면** 복이 있으리라"(요 13:17, 강조는 저자 추가)고 하시며 제자들이 단순히 진리를 아는 것에 만족하지 않으신다. 제자들이 그 진리를 살아내길 원하신다. 믿음은 행함으로 표현되어야 한다. 따라서 우리는 우리가 원하는 방식대로 '행동'할 자유가 없다. 우리의 행동은 우리의 희생적인 구원자 예수님을 드러내야 한다.

많은 현대 종교와 세속적인 신조들은 우리에게 삶의 방식을 요구하지 않는다. 우리가 원하는 대로 살도록 자유롭게 내버려둔다(사실 많은 사람이 '자기 보기에 옳은 대로 살라'는 원칙을 갖고 있다). 하지만 기독교의 제자도는 완전히 다르다. 기독교 제자도의 핵심은 우리가 아닌 왕을 따르라는 부르심이기 때문이다. 그리스도인의 삶은 단순히 복음을 믿는 것이 아니다. "너희는 그리스도의 복음에 합당하게 생활하라"(빌 1:27)는 요청이다.

우리는 모두 부족하다. 그러기에 아직 복음에 합당하지 않은 부분을 찾도록 서로 도와줄 형제자매가 필요하다. 그리스도 안에서 서로에게 하나님 말씀의 빛을 비추며 삶으로 진리를 살아내라! 특히 교회는 하나님의 말씀에 도달하기 위해 하나님이 정하신 주요 수단이다. 우리는 교회의 일부다. 하지만 복음을 살아내지 않으면서 주변 사람들이 복음에 대해 질문할 거라고 기대하지 말라. 그들이 회개하고 복음을 믿을 거라는 기대는 더더욱 하지 말라.

우리는 매일 한 장씩
복음을 쓰고 있다.
우리가 하는 행동으로
우리가 하는 말로.
사람들은 우리가 쓴 것을 읽는다.
신실하지 못하든 진실하든.
말하라! 우리가 전하는
복음은 무엇인가?**24**

 요한복음 13장 31-35절

11월 26일

왜 주는가?

"너희가 모든 일에 넉넉하여 너그럽게 연보를 함은
그들이 우리로 말미암아 하나님께 감사하게 하는 것이라"

(고후 9:11)

하나님은 온 우주의 기쁨을 죽이는 분이 아니다. 하나님은 우리에게 그저 주저앉아 행복을 가장한 채 실망스런 생활을 참으라고 하지 않으신다. 오히려 하나님은 우리를 위해 풍성하게 공급하신다. 우리는 하나님께 신세를 졌다며 죄송해할 필요는 없다. 하지만 반드시 받은 것을 '나누어야' 한다.

하나님이 필요한 모든 것을(그리고 많은 경우 더 넘치게!) 주시는 이유는 우리가 그것을 다른 사람과 나누게 하기 위해서다. 바울은 우리가 "모든 일에 넉넉하여 너그럽게 연보를 함은 그들이 우리로 말미암아 하나님께 감사하게" 하기 위해서라고 말한다. 하나님께 선물로 받았으니 우리도 그분께 받은 것을 선물로 줄 수 있어야 한다. 야고보는 이렇게 도전한다. "만일 사람이 믿음이 있노라 하고 행함이 없으면 무슨 유익이 있으리요"(약 2:14). 답은 분명하다. 아무 유익이 없다! 도움이 필요한 사람을 돕는 책임을 다하는 일은 하나님을 찬양하는 것인 동시에 우리가 정말로 하나님을 믿는다는 증거가 된다.

하나님은 우리에게 자원을 공급하실 뿐 아니라 진심으로 관대함을 보일 수 있도록(자신을 고려하지 않고 다른 사람이 복을 받도록 행할 수 있게) 필요한 은혜도 주신다(고후 8:1-3). 하나님은 "능히 모든 은혜를 너희에게 넘치게 하시나니 이는 너희로 모든 일에 항상 모든 것이 넉넉하여 모든 착한 일을 넘치게" 하시는 분이다(고후 9:8).

관대한 마음은 자신을 위해 막대한 부를 쌓으려는 욕망과 이기심으로부터 우리를 보호한다. 은퇴해서 멋진 곳에서 살고, 더 큰 유산을 물려주고, 충분한 예금을 보며 안심한다고 해서 하나님이 주시는 복의 기쁨을 발견하는 것은 아니다. 오히려 다른 사람들이 그 기쁨을 맛보도록, 그리고 그들이 공급자이신 하나님 안에서 진정한 만족을 발견하도록 우리의 부를 나눌 때 기쁨을 누릴 수 있다.

솔직히, 우리가 관대하게 나누기를 주춤거리는 이유는, 물질을 나누면 우리가 궁핍해질 거라고 생각하기 때문이다. 하지만 성경은 태어날 때부터 우리를 돌보신 하나님이 우리가 늙어서도 필요한 것을 공급하실 거라고 분명히 말한다(참조. 사 46:4).

기쁨은 소유에 매이지 않을 때 발견된다. 많이 받았든 적게 받았든 나눔을 실천하는 것은 우리의 특권이자 책무다. 주저함 없이 기쁘게 줄 수 있도록 하나님께 은혜를 구하며 한 가지를 기억하자. 우리는 하나님이 우리에게 주시는 것보다 더 많이 나눌 수는 없다.

 고린도후서 9장 6-15절

11월 27일
그분의 자비를 통해

"그런즉 원하는 자로 말미암음도 아니요
달음박질하는 자로 말미암음도 아니요
오직 긍휼히 여기시는 하나님으로 말미암음이니라"

(롬 9:16)

하나님은 인간이 만든 관습에 매이지 않으시며, 우리 기대에 부응할 의무가 없으시다.

에서와 야곱의 삶에서 이를 가장 잘 볼 수 있다. 에서는 이삭의 맏아들이었다. 이삭의 아버지 아브라함은 하나님께 선택을 받아 큰 민족을 이루고 세상에 복을 가져다주는 사람이 되리라는 약속을 받았다(창 12:1-3). 에서는 관습상 상속자로서 이삭의 축복과 유산을 받는 것이 당연했다. 이삭도 그의 아버지 아브라함에게서 이것들을 받았다. 그런데 하나님은 에서의 쌍둥이 동생인 야곱을 선택해 그 모두를 주셨다. 야곱은 동생이었을 뿐 아니라, 그 이름이 '훔치는 자'인 것에서 볼 수 있듯이 성품도 좋지 않았다. 그가 선택된 것은 믿을 수 없는 일이었다. 하지만 약속의 계보는 야곱을 통해 이어졌고 그의 후손이 하나님의 백성 이스라엘이 되었다.

때로는 하나님이 왜 야곱을 선택하셨는지 도저히 이해가 되지 않아 고민스러울 때가 있다. 불공평해 보인다! 하지만 성경은 야곱이 선택받을 만한 사람이 아니었음에도 불구하고 하나님께서 에서 대신 야곱을 통해 당신의 약속을 성취하도록 미리 결정하셨다고 전한다. "그 자식들이 아직 나지도 아니하고 무슨 선이나 악을 행하지 아니한 때에 택하심을 따라 되는 하나님의 뜻이 행위로 말미암지 않고 오직 부르시는 이로 말미암아 서게 하려 하사"(롬 9:11). 하하나님은 야곱을 선택하셔서 영원부터 세우신 당신의 목적을 성취하셨다. 또한 하나님은 '우리의 장점을 보고 선택하지 않으신다'는 원리를 가르치셨다. 우리 중 누구도 하나님께 속할 자격이 있는 사람은 없다.

이것이 바로 우리의 관점이 완전히 달라져야 할 지점이다. 우리는 야곱을 보며 왜 그가 선택되었는지 궁금해한다. 하지만 그보다는 하나님을 바라보며 그분의 은혜를 놀라워해야 한다. 하나님은 이렇게 말씀하실 것이다. "내가 긍휼히 여길 자를 긍휼히 여기고 불쌍히 여길 자를 불쌍히 여기리라"(롬 9:15). 그리고 하나님은 자격 없는 우리도 은혜로 부르신다.

우리가 하나님의 자녀가 되기 전에 처했던 곤경(반역으로 정죄받고 진노를 입어 죽을 수밖에 없었던 우리 모습)을 온전히 알아차릴 때, 우리는 우리를 향한 하나님의 사랑과 자비가 얼마나 큰지 이해하기 시작한다. 왜 어떤 사람에게는 자비를 베풀지 않으시는지 묻기보다, 왜 어떤 사람에게 자비를 베푸시는지 궁금해한다. 하나님이 우리를 당신의 상속자로, 하나님의 자녀로 삼으셨다는 것이 깊이 감사해야 할 일임을 알게 된다.

우리는 하나님의 호의를 얻기 위해 한 것이 하나도 없다. 우리의 반역에 대해 전혀 배상한 것이 없다. 우리가 그분의 가족으로 받아들여진 데는 오직 하나의 근거만 있다. 바로 그분의 자비다. 절대 받을 자격이 안 되는 우리에게 거저 주신 자비 말이다. 한 찬송가 작사자는 이렇게 표현했다. "예수님이 다 지불하셨다."[25] 이 진리를 붙들어야 우리는 형통할 때 겸손할 수 있고 자신의 죄를 발견할 때 소망을 가질 수 있다. 구원은 우리가 잘해서 주어진 것이 아니고 언제나 전적으로 하나님의 자비로 주어진다.

 로마서 9장 1-18절

11월 28일
행복으로 가는 길

"허물의 사함을 받고
자신의 죄가 가려진 자는 복이 있도다"
(시 32:1)

몇 년 전 BBC에서 세계 65개국을 대상으로 설문조사를 해서 가장 행복한 나라와 행복하지 않은 나라를 보고한 적이 있다. 개인들에게 무엇이 그들을 가장 기쁘게 하느냐고 질문했을 때, 분명히 일치되는 의견은 없었다. 행복으로 가는 길은 찾기 어려웠다.²⁶ ESV 성경은 시편 32편을 '복이 있다'(blessed)는 말로 시작하는데, 사실 '행복'이라는 말이 더 적당한 번역일 것이다. 여기서 사용된 히브리어 단어가 다른 곳에서는 (70인역, 구약의 헬라어본과 신약 둘 다에서) '행복'이라는 뜻의 헬라어로 번역되는 경우가 많다. 이 단어는 산상수훈을 시작할 때도 사용되었는데, 예수님은 자신을 따르는 자들에게 "심령이 가난한 자는 복이 있나니[행복하나니]"(마 5:3)라고 말씀을 시작하셨다.

많은 사람이 현재의 자신보다 더 행복해지고 싶어 한다. 하지만 어떻게 그럴 수 있을까? 어떤 사람은 여행을 좀 더 많이 하면 만족할 거라고 생각한다. 어떤 사람은 좀 더 거창하게, 예를 들어 세상에 정의가 세워지면 더 행복할 거라고 생각한다. 또 어떤 사람은 창조의 아름다움을 감상하거나 영성을 탐구하면 기쁠 거라고 생각한다. 그러나 늘 무언가로 인해 우리의 모험은 실패로 돌아가고 모든 꿈에 먼지가 쌓이는 경험을 지속적으로 하게 된다. 이런 것에서 파생된 행복은 늘 불안정하다. 쉽게 깨지고 지속될 수 없다. 행복을 좇거나 행복을 붙들어두려는 시도는 짐이 된다.

시편 기자가 말하는 근본적으로 행복을 찾을 수 있는 곳, 즉 창조주이신 하나님과의 관계(이것은 용서로 시작된다)를 바라보지 못한다면 지속적인 행복을 추구하는 우리의 탐구는 헛될 수밖에 없다. 우리는 그곳을 바라볼 생각조차 하지 못한다. 왜냐하면 우리 범죄의 심각성과 우리에게 용서가 필요하다는 사실을 먼저 생각해야만 행복을 찾을 수 있다는 말은 모순처럼 들리기 때문이다. 하지만 '용서받았다'는 히브리어는 사실 '들어 올려지다'(lifted), 혹은 '제거되다'라는 의미다. 우리가 바라는 행복과 평화는 죄의 무게가 덜어질 때에만 찾아온다. 그리고 그럴 때 우리는 삶이 제공하는 모든 것을 자유롭게 누릴 수 있다. 창조된 사물이나 사람에게 우리의 궁극적인 기쁨의 근원이 되는 무게를 견뎌달라고 부탁하지 않아도 된다.

이 진리는 어거스틴이 경험한 것이었다. 그는 인생의 초반부를 무엇에도 구애받지 않고 방종하며 보냈다. 그러다가 성경을 읽으면서 말씀 속에서 하나님을 만난 후 자신의 안개 속에서 벗어날 수 있었다. 그는 나중에 이렇게 기록했다. "오 하나님, 우리 마음은 당신 안에서 쉼을 찾을 때까지는 정함이 없습니다."**27** 어거스틴이 믿는 바를 믿는가? 그가 한 말의 근거는 오늘 시편 말씀에서 발견된다. 우리는 죄와 슬픔에 이리저리 치이면서 인생의 길을 걸을 필요가 없다. 하나님께서 우리를 용서하셨고 예수님을 통해 우리가 하나님과 관계 맺게 하셨기 때문이다. 우리는 세상이 하는 방식으로 행복을 좇을 필요가 없다. 우리의 짐은 벗겨졌다. 하나님은 우리의 최악의 모습을 아시면서도 우리를 사랑하신다. 이것을 알 때 우리는 경이롭고 지속적인 행복을 경험하게 된다.

 시편 32편

11월 29일
하나 된 예배

"형제들아 내가 우리 주 예수 그리스도의 이름으로 너희를 권하노니
모두가 같은 말을 하고 너희 가운데 분쟁이 없이
같은 마음과 같은 뜻으로 온전히 합하라"

(고전 1:10)

복음으로 하나 될 때 교회가 건강해진다. 그리고 분열만큼 교회를 빠르게 부식시키는 것도 없다.

하나님의 백성은 항상 그랬다. 최고의 순간에는 위대한 하나 됨을 이룬다. 예를 들어, 느헤미야 8장을 보면 바벨론 포로에서 돌아온 이후, 이스라엘 백성은 기대에 차서 "일제히" 모여서 학사 에스라가 풀어주는 율법책을 들었다(느 8:1). 그 순간에 거의 5천 명이나 되는 남자와 여자가 영으로 하나 되어 다 같이 예배에 헌신하는 마음으로 수문 앞 광장에 모였다. 그들의 초점은 그저 '이 가르침에서 내가 무엇을 **받느냐**?'가 아니었고 '나와 함께 모인 형제자매에게 내가 무엇을 **기여할까**?'였다.

우리 가운데 연합이 있다면 하나님의 백성은 이런 자세로 항상 예배에 나아와야 한다.

우리가 진심으로 그리스도와 동행할 때, 우리는 그리스도를 사랑하는 사람들과 연합하여 예배드리기를 소원한다. 때로는 동기가 시들 때도 있겠지만, 성령님의 도우심으로 다음과 같은 시편 기자의 예배를 사모하는 마음을 공유할 수 있다. "사람이 내게 말하기를 여호와의 집에 올라가자 할 때에 내가 기뻐하였도다"(시 122:1). 공동체가 교회로 모여 드리는 예배는 그저 참석하거나 참아야 하는 행사가 아니다. 공동체 예배는 우리 왕께 함께 충성을 선언하

는 것이고 하나님의 백성이 누리는 깊은 연합을 강력하게 다시 떠올리는 것이다.

교회 공동체 안에서 늘 의견이 일치될 수는 없다. 우리는 모두 나름대로 선호하고 확신하는 바가 있다. 하지만 하나님의 가족 구성원의 중심에는 우리 신앙의 핵심 문제(성경의 권위, 예수님의 중심성과 탁월성, 복음전도의 필요성, 매일의 삶에서 기도와 예배의 우선성 같은 문제들)에 대한 만장일치가 있어야 한다. 이렇게 공유된 확신이 있기에 하나님의 백성은 하나 되어 모일 수 있다. 그러므로 재미있는 설교나 아름다운 음악, 가족을 위한 의미 있는 프로그램 같은 것들이 하나님의 선물일 수는 있지만, 그것이 우리의 우선순위가 되어서는 안 된다. 오히려 진리 안에서 선포되는 하나님의 말씀을 들으려는 우리의 갈망을 통해 부흥이 임하길 간구하면서, 동료 성도들과 하나 되어 함께 예배드리기를 기도해야 한다.

온 회중이 기도하며 기대할 때, 하나님은 반드시 말씀을 통해 맹세하신 일을 행하실 것이다. 이기적인 태도로 교회를 대하며 성급히 비판하기는 쉽지만, 그런 태도는 교회를 상하게 한다. 다음 주일에는 자신을 위해서가 아니라 다른 사람을 위해 예배의 자리에 나아오라. 말과 찬양으로 우리의 하나 됨을 드러내고 지지하라.

 느헤미야 8장 1-12절

11월 30일
하나님은 우리의 부르짖음을 들으신다

> "여러 해 후에 애굽 왕은 죽었고 이스라엘 자손은 고된 노동으로 말미암아
> 탄식하며 부르짖으니 그 고된 노동으로 말미암아 부르짖는 소리가 하나님께 상달된지라
> 하나님이 그들의 고통 소리를 들으시고
> 하나님이 아브라함과 이삭과 야곱에게 세운 그의 언약을 기억하사"
>
> (출 2:23-24)

야곱과 그의 가족은 기근이 든 고향 땅을 떠나 요셉과 함께 이집트에 정착했다. 한동안은 모든 것이 아주 좋았다. 하지만 새로운 왕이 권력을 잡은 후 상황이 나빠졌다. 새 왕은 이스라엘 백성의 위상과 수가 커지는 것을 싫어해서 그들을 노예로 삼아 무자비하게 노역을 시켰다. 그들의 삶은 눈물과 고통으로 가득 찼다. 하나님의 백성은 여전히 하나님의 약속을 품고 있었으나 그 약속들은 공허해 보였다. 자유롭게 잘 먹고 잘살 때는 하나님을 신뢰하는 것이 쉬웠지만 노예가 된 후로는 쉽지 않았다. 아주 오랜 세월 억압을 받다 보니 이렇게 생각하는 사람도 생겼다. '하나님이 약속을 잊으신 것 같아. 하나님이 약속을 이루실 거라고 전혀 확신할 수 없어.' 하지만 이런 생각에도 불구하고 그들은 필사적으로 구원을 바라며 하나님께 부르짖었다.

하나님은 잊지 않고 응답하셨다. 하나님은 그들의 울부짖음과 신음소리를 들으셨고, 그에 대한 반응으로 구출 작전을 실행하셨다. 하나님은 그들을 비참한 상태로 내버려두지 않으셨다. 하나님은 자기 백성을 위한 목적을 성취하시고 그들을 노예에서 해방시키고자 하셨다. 하나님은 "그의 언약을 기억"하셨다. 이 말은 하나님이 아브라함에게 하신 약속을 잊어버리고 계셨다는 뜻이 아니다. 가장 합당한 때에(비록 백성을 선택하신 후 곧바로는 아니었지만) 백성에게 하신 언약을 지키기 위해 움직이셨다는 뜻이다.

이스라엘 백성이 그때 그랬듯이, 하나님의 백성이 지금 기억해야 할 것은 바로 이것이다. 하나님은 우리의 신음소리를 들으시며 우리 상황을 아시기에 행동하실 것이다. 하나님의 약속 중 하나도 실패로 돌아가지 않는다. 사실, 고통 중에 할 말을 잃었을 때 우리는 성령님이 탄식하며 우리를 위해 간구하신다는 것을 알게 된다(롬 8:26-27). 하나님은 이 정도로 우리를 생각하시며 우리에게 가장 좋은 것을 주기 원하시는 분이다.

우리 영혼의 외침을 아무도 듣지 않는 것 같을 때(아무도 진심으로 관심을 갖지 않는다고 생각될 때), 하나님이 이집트에서, 그리고 그 무엇보다도 그분의 아들 안에서 자신을 어떻게 계시하셨는지 기억하라.

> 예수님이 나의 분깃인데
> 왜 낙망하는가.
> 왜 어둠에 헤매는가.
> 왜 외로워하는가.
> 왜 천국과 본향을 갈망하는가.
> 그분은 나의 변함없는 친구이시니
> 참새 한 마리도 지키시는 그분이
> 나를 더 세밀히 지키심을 나는 믿네.**28**

구원을 위해 계속해서 부르짖으라. 하나님이 들으시고 신경 쓰시며 우리를 위해 일하신다.

 마가복음 5장 21-43절

"11월 한 달간 말씀과 동행한 기록을 남겨주세요."

주

1. John Stott, *The Message of Ephesians*, The Bible Speaks Today(IVP Academic, 1979), p 215; 존 스토트, 『에베소서-BST 성경 강해』, 정옥배 역, IVP.

2. Horatius Bonar, "Not What I Am, O Lord, but What Thou Art"(1861).

3. Alec Motyer, *The Message of Ecclesiastes*, The Bible Speaks Today (IVP Academic, 1985), p 60.

4. Kitie L. Suffield, "God Is Still on the Throne"(1929).

5. Elsie Duncan Yale, "There's Work for Jesus"(1912).

6. John Calvin, *Commentaries on the Epistle of Paul the Apostle to the Hebrews*, John Owen 번역 (Calvin Translation Society, 1853), p267.

7. John Calvin, *Commentary on a Harmony of the Evangelists, Matthew, Mark, and Luke*, William Pringle 번역(The Calvin Translation Society, 1845), Vol.1, p 261(강조는 저자 추가).

8. Andrew Bonar, *Memoir and Ramains of Robert Murray M'Cheyne* (Banner of Truth, 1995), p 153; 앤드루 보나, 『로버트 맥체인 회고록』, 조계광, 이용중 역, 부흥과개혁사.

9. Andrew Murray, *Humility: The Beauty of Holiness*, 2nd ed. (1896), p 50; 앤드류 머리, 『겸손』, 조승희 역, 생명의말씀사.

10. Stuart Townend, "There Is a Hope"(2007).

11. J. C. Ryle, *Bible Inspiration: Its Reality and Nature* (William Hunt, 1877), p 6.

12. Thomas Brooks, "The Unsearchable Riches of Christ," in *The Complete Works of Thomas Brooks*, Alexander Balloch Grozart 편집(James Nichol, 1866), Vol.3, p 178.

13. Edward Everett Hale의 말.

14. Charitie Lees Bancroft, "Before the Throne of God Above"(163).

15. Alec Motyer, *Look to the Rock: An Old Testament Background to Our Understanding of Christ* (Kregel, 2004), p 222 note 48.

16 P. P. Bliss, "I Will Sing of My Redeemer"(1876); P. P. 블리스, 찬송가 298장 "속죄하신 구세주를"(인용된 가사는 역자 직역).

17 Dylan Thomas, "Do Not Go Gentle Into that Good Night" in *In Country Sleep, And Other Poems* (Dent, 1952).

18 Anne R. Cousin, "The Sands of Time Are Sinking"(1857).

19 Ray Evans, "Que Será, Será"(1956).

20 Alfred Edersheim, *The Life and Times of Jesus the Messiah*(Longmans, Green, and Co., 1898), Vol.2, p. 376(각주); 알프레드 에더스하임, 『메시아 2』, 황영철, 김태곤 역, 생명의말씀사.

21 Horatius Bonar, "I Heard the Voice of Jesus Say"(1846).

22 C. S. Lewis, *The Problem of Pain* (Harper Collins, 2001), p 91; C. S. 루이스, 『고통의 문제』, 이종태, 홍성사.

23 Henry Alford, "Come, Ye Thankful People, Come"(1844); 헨리 앨퍼드, 찬송가 587장 "감사하는 성도여"(인용된 가사는 역자 직역).

24 일반적으로 Paul Gilbert의 말로 여겨짐.

25 Elvin M. Hall, "Jesus Paid It All"(1865).

26 Michael Bond, "The Pursuit of Happiness," *New Scientist*, October 4, 2003, https://www.newscientist.com/article/mg18024155-100-the-pursuit-of-happiness/. 2021년 4월 13일에 접속함.

27 Augustine, *Confession* 1.1; 어거스틴, 『참회록』, 1.1.

28 Civilla D. Martin, "His Eye Is on the Sparrow"(1905).

사명선언문

너희가 흠이 없고 순전하여……세상에서 그들 가운데 빛들로
나타내며 생명의 말씀을 밝혀 _ 빌 2:15-16

1. 생명을 담겠습니다
만드는 책에 주님 주신 생명을 담겠습니다.
그 책으로 복음을 선포하겠습니다.

2. 말씀을 밝히겠습니다
생명의 근본은 말씀입니다.
말씀을 밝혀 성도와 교회의 성장을 돕겠습니다.

3. 빛이 되겠습니다
시대와 영혼의 어두움을 밝혀 주님 앞으로 이끄는
빛이 되는 책을 만들겠습니다.

4. 순전히 행하겠습니다
책을 만들고 전하는 일과 경영하는 일에 부끄러움이 없는
정직함으로 행하겠습니다.

5. 끝까지 전파하겠습니다
모든 사람에게, 땅 끝까지, 주님 오시는 그날까지
복음을 전하는 사명을 다하겠습니다.

서점 안내

광화문점　서울시 종로구 새문안로 69 구세군회관 1층
　　　　　　02)737-2288 / 02)737-4623(F)

강남점　　서울시 서초구 신반포로 177 반포쇼핑타운 3동 2층
　　　　　　02)595-1211 / 02)595-3549(F)

구로점　　서울시 동작구 시흥대로 602, 3층 302호
　　　　　　02)858-8744 / 02)838-0653(F)

노원점　　서울시 노원구 동일로 1366 삼봉빌딩 지하 1층
　　　　　　02)938-7979 / 02)3391-6169(F)

일산점　　경기도 고양시 일산서구 중앙로 1391 레이크타운 지하 1층
　　　　　　031)916-8787 / 031)916-8788(F)

의정부점　경기도 의정부시 청사로47번길 12 성산타워 3층
　　　　　　031)845-0600 / 031)852-6930(F)

인터넷서점　www.lifebook.co.kr